方や研修などでは有益な情報となるかと思いますが、そう
後に読むということでも十分に理解できるよう配慮してあり

のポイントとなる、いわゆるノウハウが書かれているのは2
、時間があればぜひ1章からお読みいただければと思います。
本書を手に取ったのが評価の時期なので、4章の評価から読み
方もいるかもしれません。そうした方も、ぜひ2章から読んで
適切な評価の前提条件として、適切な目標設定はどのようなも
解していることが欠かせないからです。
、適切な目標設定ができていないと、評価のタイミングで役に立
いう内容ではありません。どんなに目標管理を熟知していても、
いまいさは残るものです。
、フィードバックでは、目標設定にはあいまいさがあって当然とい
ンスで、例えば部下の認識とあなたの認識が違った場合にどうする
で、具体的なケースを取り上げ解説してあります。
らに6章ではさまざまな職種の目標管理について、できるだけ現場感
近いものになるよう、それぞれの職種の仕事の特性にまで踏み込んで
す。研修などで本書を活用する場合は、ディスカッションのベースと
てもお使いいただけます。

本シリーズ「部下を育てるPDCA」とは

Plan-Do-Check-Action の頭文字を取った、業務改善のための有名な手法
“PDCA”です。

部下を育てるPDCA

目標管理

株式会社エイチ・アール・ディー研究所
吉岡太郎

同文舘出版

はじめに──初めて上司に

　本シリーズ "部下を育てるPDCA
下を持つようになった方、あるいは、
司としての仕事を学んでみたいという

　シリーズ3冊目の本書では、タイトル
す。目標管理を制度として導入している
なっている多くの上司の皆さんには「知ら
ければいけないもの」とお感じの方も多い
　本書では、目標管理は人事制度の運用のた
もそもの目標達成を支援するものとして位置づ
んの行動や判断のポイントをさまざまな視点か

　その意味では、実は制度として導入されている
らず、組織やチームで成果を上げようとするリーダ
ルとしてうまく使いこなしています。昨今では高校
ムの監督が、科学的な手法の一つとして目標管理を取
ことを、雑誌やテレビなどで目にすることも多くなり
　旧来の目標管理の指南本では、公平な評価と成長のた
を高めることを奨励することが多かったように思います。
の精度が高くないと、公平な評価や組織的な成長が望めな

　本書では、1章：目標管理とは何か、2章：目標設定、3章：
4章：評価、5章：フィードバックという順で解説しています。
とっても、目標達成を目指すという狙いからブレのない解説を心
もりです。
　また、基礎知識として、心理学的な側面なども説明しています。

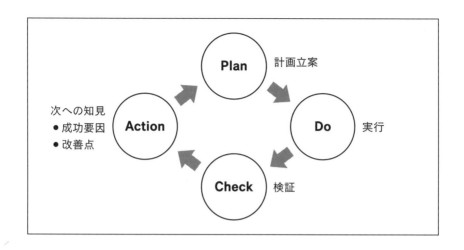

　まず計画を立案し（Plan）、計画通りに実行（Do）します。そして、計画通りできたかどうかを検証（Check）し、次への知見（Action）を残していきます。改善点の洗い出しのみを知見と考える方も多いですが、成功した要因も重要な知見となります。

　株式会社エイチ・アール・ディー研究所では、さまざまな業種・職種・職級の研修を実施しています。研修の前後では、実際にビジネスパーソンが現場でどのように業務を遂行しているのかという言動データを1万件以上収集し、データベース化しています。それらのほとんどは「このようにしたので、うまくいった」や「このようにやりたかったが、うまくいかなった」という生々しい情報です。

　"部下を育てるPDCA"は、こうした言動データをPDCAの観点で検証し、世の中に多く存在するマネジメント／リーダーシップ／コミュニケーションなどの理論から、上司の皆さんにとって効果が高く実践しやすい内容を厳選し、お届けするシリーズです。

■自習教材、自己啓発としての本書の活用について
　本書は要所要所にさまざまなシート類が付記されています。それらは、実際に書き込めるようデザインされています。

通常、本というメディアは読んで終わり、ということが多いかもしれませんが、より深い理解、皆さんの実務への活用という観点では、どんどん自分の考えや、皆さんの部下を思い浮かべた計画などを書き出し、また、それを準備として実際の目標管理の場面で試してみることをお勧めします。

このような、上司に求められる技術はスポーツと同じで、本で読んだだけでできるようになるものではなく、自分で試してみてコツをつかみ、練習によってうまくなるものです。シート類は繰り返し使いたいということであれば、ダウンロードしたワークシートを使い、原本は白紙で残しておくのもよいでしょう。ぜひ活用して実務に活かし、部下育成そして成果につなげていただければと思います。

■**研修等での本書の活用について**

本シリーズ"部下を育てるPDCA"では、「オープンテキスト」として、通常は著作権の項目として禁止されている、ワークシートの複製や、講師の読み上げ（口述）、必要な部分のスライド化などを、所有者に対して「営利目的」であるかどうかを問わず、その利用を許諾し、研修などでも活用できるライセンスがついています。

また、ストーリーに当たる部分については、YouTubeを通じ、個人あるいは研修などグループで、同内容の動画の視聴が可能で、より現場でのイメージがつくようなサポートも行なっています（個人の方でもイメージ動画を視聴することにより、より深い理解が得られることと思います）。

さらに、本書の中では最低限しか触れられていない、講師のための研修ガイドもダウンロードによって詳細情報を得られ、社内講師でもプロ並みの研修が開けるようになっています。

株式会社エイチ・アール・ディー研究所

吉岡　太郎

| 読者限定 |

"部下を育てるPDCA"シリーズ

サポートホームページ
http://www.hrdins.co.jp/bspdca/

☑ 本書ストーリーを再現した動画
☑ 本書ワークシートのダウンロード
☑ 研修用スライド、講師ガイド

『部下を育てる PDCA　目標管理』目次

はじめに──初めて上司になる皆さんへ

1章
目標管理とは

1. ドラッカーの提唱した目標管理　012
2. 目標管理の生まれた背景　016
3. 目標管理は、何を管理するのか？　018
4. 上司であるあなたに求められていること　020
5. 【基礎知識1】X理論とY理論　024
6. 【基礎知識2】Goal Orientedな考え方　026

ストーリー　うまくいかない目標管理　028

2章
モチベーションを高める目標設定

1. 目標設定は事前準備と面談で決まる　036
2. 【事前準備1】自部門の目標の確認・合意　038

3 【事前準備2】自部門の目標の分割　040
4 【事前準備3】メンバー分析① 特性を整理する　044
5 【事前準備3】メンバー分析② キャリアを考慮する　048
6 【事前準備3】メンバー分析③ 長期的な能力目標　050
7 【事前準備4】部下への目標の割り当て　052
8 【面談での合意1】場の雰囲気を作る　056
9 【面談での合意2】部下の意見や希望を聞く　060
10 【面談での合意3】上司の考えを伝える　064
11 【面談での合意4】"目標"として合意する　066
12 【基礎知識3】WBS（作業分割構成）Work Breakdown Structure　070
13 【基礎知識4】モチベーション　072

ストーリー 目標設定　074

3章

部下を目標達成に導く日々の支援

1 目標達成のために重要な"予実管理"の基本　080
2 "あるべき状態"と"現状"の差を明確にする　082
3 部下に報告させるポイント　086
4 "報連相"ストッパーになっていませんか？　088
5 コーチングで、部下の力と考えを引き出す　092
6 課題顕在化・問題解決プロセス　094
7 上司が不在でも機能するチーム　096
8 【基礎知識5】報連相と行動分析学での"好子と嫌子"　100
9 【基礎知識6】チームの発達段階　102

ストーリー 日々の関わり方　104

4章

誰もが納得できる評価

1. 客観的な評価は、"次の期"の目標達成のため　108
2. 納得できる評価のポイントは"目標設定"と"観察"　110
3. たくさんある評価の落とし穴　114
4. 評価を部下と合意するまでのプロセス　116
5. 評価の部門内確認／部門間調整　120
6. あなたの評価が決まる！　評価結果の上への報告　122
7. 【基礎知識7】「納得」の要素　124

5章

部下の成長を促すフィードバック

1. フィードバック面談とは　128
2. 部下は結果だけでなく、あなたも見ている　130
3. 成長へのモチベーションを上げるフィードバック　132
4. 部下を褒めるのが難しいとき　134
5. 【フィードバックの方法1】部下の認識を先に聴く　136
6. 【フィードバックの方法2】結果を伝え、納得度を確認する　140

| 7 | 低い評価のときのフィードバック　142
| 8 | フィードバックで成長を実感させる　144
| 9 | 明日のために期待を伝え、希望を引き出す　146
| 10 |【基礎知識8】成長と行動を促進させる ARCS モデル　148

ストーリー 評価をフィードバックする　150

6章 さまざまな部門／職種の目標管理

| 1 | 営業の目標管理　156
| 2 | 開発・R&D の目標管理　160
| 3 | 技術・生産の目標管理　164
| 4 | 財務・経理の目標管理　168
| 5 | 総務・人事の目標管理　172
| 6 | 店長・スーパーバイザーの目標管理　176

ストーリー エピローグ　180

7章 まとめ

| 1 | あなたの部下の目標管理に役立てるために　184

巻末付録

研修ガイド

1 社内研修等で利用するために　200

装幀　二ノ宮 匡（ニクスインク）
本文DTP　マーリンクレイン
執筆協力　吉野 明日香

1章

目標管理とは

1 ドラッカーの提唱した目標管理

　目標管理は1950年代に経営学者ピーター・ドラッカーが「Management By Objectives and Self-Control」において提唱し、アメリカから広まりました。この頭文字を取って、目標管理のことをMBOと呼ぶ企業も多いでしょう。日本では多くの場合、Self-Control＝自律が抜け落ち、次のようなことのツールとして受け入れられてきました。

- よく働いた（目標達成した）人に高い報酬を与える
- 不透明な評価を排除し、公平な評価を可能にする
- 年功序列から実力主義へ風土を移行する

　もちろんここで挙げたそれぞれはメリットもあり、合理性もあるのですが、大切なSelf-Control＝自律について、そもそも考慮されていないことで、以下のようなリスク面も浮き彫りになってきています。

- 裁量労働制と結びつき、過労による心身の健康障害の遠因となる
- 評価がわかりやすい目標ばかりに目がいき、大切だが評価しにくい仕事がないがしろにされる

　実は、ドラッカーは「Management By Objectives and Self-Control」の中で、成果を出した人にこそ（高い）報酬を払うという成果至上主義については、「アメリカではそのように（それが当然だと）考えられているけれど、理想ではない」と否定しているのです。
　一方、Self-Control＝自律について、ドラッカーは次のように述べています。

- この上なく強いモチベーションをもたらす
- （それゆえ）"単に目標を達成する"以上のパフォーマンスを発揮できる

つまり、目標管理の目指すところとは、以下のようなものといえます。

【目標管理の目指すところ】

> - 自律と自己成長を促し
> - 心身の健康を伴いながら目標達成し
> - その結果として、組織の目標達成、成長を実現する

例えば、営業担当者に「今年はチームの目標が○億円だから、3年目のキミには○千万円を頼む」「わかりました。がんばります！」という目標設定をするのは、単なる"わかりやすい目標"です。

一方、「3年目になって、一通り営業の仕事は見えてきたと思うけれど、これからの数年でお客さまからはどんな営業として思われたい？」「そうですね……。やっぱり、○○のことならあの人に相談しないと、って思われる営業になりたいですね」という会話は、自律と自己成長を促すものです。

その後に「そのためには、何に取り組んだらいいかな？」とか「もし、そういう営業になれたとしたら、今年の売上目標はどのくらいまでいけるかな？」という会話をしていけばよいのです。

このような会話の中で、部下本人の意思を反映した言葉には、次のようなものがあるでしょう。

- 「○○のことならあの人に」と思われたい
- そのために□□に取り組む
- 結果として△千万円達成する

部下との会話で、こうした発言を引き出していくことが、"自律と自己成長を促す"ことに他なりません。

もちろん、中には"なりたい姿"も不明確で、それゆえ"目標値"を低めに設定しようとする部下もいるでしょう。そんな部下から、どのように高いモチベーションと目標値の合意を引き出すかについては、この後の章で詳しく解説したいと思います。

日本においては、"経営に必須の考え方"という目標管理本来の捉え方は、まだまだ一般的ではないようです。これは、日本での導入時期に主導したのが、人事を主なフィールドとしていたコンサルティングファームだったという経緯から、目標管理が単なる人事考課の一手段として捉えられてきたためです。

人事"考課"の一手段ですから、力点は評価であり、さらにそれと直結する報酬です。このような人事あるいは管理的側面から見ると、その目指すところは"成果主義"とも結びついており、次のようなロジックで語られることが多いようです。

- 企業への貢献―"成果"を公平に評価や給与に反映させる
- それにより、全社員の納得感とモチベーションを引き出す
- それにより、結果的に企業の成長に寄与する

評価のために目標があり、その評価は次の期の個人の活躍やモチベーションにつながる、という筋道が見え隠れします。

しかし、本来の経営視点から見ていくと、次のようになるでしょう。

- 企業の成長に寄与する目標を、社員が持てるようにする
- 目標達成に至るまでのプロセスを、組織で支援する
- 個人が目標を達成することにより、企業の成長が実現する

これが本来の目標管理の目指すところです。そして、"次の期"ではなく、"今期"の目標の必達のためのマネジメントの考え方という側面が強いのです。

　さて、表面的な話題としては、「評価は難しい」という声をよく聞くわけですが、上司の皆さんは本当に「公平な評価」に困っているでしょうか？
　終わってしまった過去の評価より、「今期どのように目標を達成するか」の方がより重要で、常に気になるポイントではありませんか。
　確かに副次的には、例えば組織として目標に達成しなかったときでも、公平な評価が行なわれることで、社員のモチベーション維持という効果が見込めます。しかし、そもそも"組織として目標に達成しない結果"をもたらさないために行なうのが、目標管理なのです。

　また、日本では「目標が上から降ってくる」という言い方をすることが多くあります。しかし、前述した通りドラッカーの提唱したMBOは"Management By Objectives"の後に"and Self-Control"と続いており、自律こそが目標達成への強い動機になる、と説いています。
　したがって、「上から降ってきた無理難題に思える目標」を「仕方なく部下に割り振る」、結果として部下も「目標に嫌々取り組む」というのは本末転倒です。
　上司であるあなたも、組織の目標を分割して担う部下も、それぞれ"Self-Control"しながら、強い動機を持って目標達成に向かう、という状態が本来の目指すところといえます。

　本書では、あくまで目標を必達させるための、強力なマネジメント手法として目標管理を位置づけ、そのためのポイントを明らかにしていきます。

2 目標管理の生まれた背景

　この目標管理は、どのような背景で生まれてきたのでしょうか？
　運用のためのポイントだけ押さえる、ということもできますが、背景を知ることで、より確かな方向に、目標管理を推進していくことができるでしょう。ここでは、目標管理が生まれた背景を、その時代の流れとともに解説していきます。

　労働を管理するという考え方は、古くからありました。日本でも"労使"という言葉があります。
　使う―管理する側と、働く―労働する側があり、あくまで管理する側が仕事を割り当て、労働する側はいわれた仕事を粛々と進めます。管理する側は、その日や月のノルマが達成できるように、アメとムチを使い分けて労働する側に仕事をさせる、というのが一般的な"労使"の構図です。

　産業革命以降、さまざまな生産のために大がかりな設備が必要になり、初めに工場などの投資をして、働く場を準備する管理側と、その場で実際に働く労働する側の構図は、一層明確になりました。
　この領域で"科学的管理法"を提唱し、仕事の効率化と生産性の向上に寄与したのが、20世紀初頭に活躍したフレデリック・テイラーです。
　確かに、科学的管理法により、生産性は飛躍的に向上しました。ところが、管理側が仕事を細分化し、労働する側は自分に割り振られた仕事だけをずっとやり続ける、といういわば"ロボット的"な働き方が、多くの批判を受けるようになりました。その様子を風刺的に描いたチャップリンの映画『モダン・タイムス』は、多くの人の共感を得ました。

このような中、さらに生産性を向上させ、労働側の満足度も向上させる次の策として、職場の人間関係や人の感情の面に注目したのが、エルトン・メイヨーです。
　メイヨーは、電機メーカーのホーソン工場でさまざまな実験を行ないました。単純に「いつ交代で休憩するか」を職場で話し合い、その通りに休憩が取れるようにしただけでも、生産性が上がるという結果も発表しています。
　メイヨー以降、人のさまざまなモチベーションや、欲求に関わる研究が進みました。例えば、アメリカの心理学者アブラハム・マズローは、人の最も高次な欲求として"自己実現"を提示しました。

　ドラッカーの提唱したMBOは、以上のような歴史の上に組み立てられたものです。組織としての目標達成を目指しながらも、組織のメンバー一人ひとりの人間的な側面にも焦点を当て、それぞれ自ら目標への道のりを管理していける、そんな目標管理を目指していきましょう。

3 目標管理は、何を管理するのか？

　目標管理という言葉からは、目標"を"管理していく、という響きが感じられますが、元の英文である"Management By Objectives"を直訳すると、目標"で"管理する、となります。それでは、目標"で"何を管理するのでしょうか？
　ドラッカー流にいえば、目標達成のために行なうあらゆること、となるでしょう。これでは、ずいぶん乱暴な言い方ですね。もう少し丁寧な表現にするならば"適切なタイミング"で、"適切な行動"が取られているかを管理する、ということになります。

　例えば、営業における半期の目標が、新規で10社の顧客との取引を開始できているとした場合、"適切な行動"のうちの一つは、"新しい見込みのお客さまに電話をする"などとなるかもしれません。しかし、電話をかけるのが半期が終わる間際であれば、一般的には遅すぎるでしょう。そうすると"適切なタイミング"は、もっと早い時期となります。
　これを"管理"するわけですから、例えば、"期の初めにしっかりとスケジュールも含めた計画を立てておく"とか、期の途中で進捗状況をチェックして、目標に到達するのに商談数が全然足りないようなら、"訪問できるお客さまを増やすべく、より多くの電話をかける"などが"管理"していることになります。
　Self-Control＝自律できるレベルの部下なら、自分で上記のことを判断し行動するでしょう。しかし、よほどのベテランでない限り、実際は進捗を一緒に確認したり、より効果的な方法を示唆したりといった、上司としての日々の関わりが求められます。

ところで、上司として、"管理"を支援するという観点からは、前提として"適切な目標"が設定されていなければなりません。期の途中で楽々達成できるような低い目標なら"管理"は必要ないかもしれませんが、そのようなメンバーばかりでは、それぞれが目標達成しても部門の成長は見込めないでしょう。
　一方で、到底達成できないような高い目標では、いくら"管理"しようとも初めから無理ということになってしまいます。さらに部門内に、低い目標と高い目標のメンバーが混在するのは、モチベーションという点からも好ましくないでしょう。

　また、"管理"の精度を上げるためには、振り返りが有効です。目標に到達したのか、そのための判断や行動は適切だったのかを、しっかりと評価していくことが、次の期に向けての準備となるでしょう。
　部下本人が振り返り評価する、というのがまずあってしかるべきですが、上司であるあなたも客観的に評価し、またフィードバックすることで、部下の目標管理を支援することができます。

　そしてこれらを継続的に行なっていくことで、組織としての目標達成とメンバー一人ひとりの成長の両面をサポートしていくことができるのです。

4 上司であるあなたに求められていること

　上司であるあなたの立場としては、何が求められているのかという観点で、目標管理を、期の初めから終わりという時系列に沿って整理し直してみましょう。

　まず、あなたの部門の目標を、より上位の部門の管理者と確認・合意する必要があります。
　一般的にあなたの部門は、より大きな部門の一部として存在しているでしょう。つまり、あなたの部門の目標は、その大きな部門の目標から分割されたものになっています。
　ビジネス環境は刻々と変化し、あなたの部門のメンバーも増えたり、減ったり、また人数は変わらなくてもスキルアップしたり、その力の総和は変化しています。
　そのことを考慮した上で、あなたの部門の目標が適切なのか確認をし、必要であれば目標自体を高くしたり、低くしたり、また足りないリソースを補えるよう交渉したりするなど、議論をした上で合意することが求められます。
　例えば、営業組織などで、全社の目標が前年度比20％アップということから、分割された各部門の目標も一律20％アップとする、という目標設定の仕方は、いささか乱暴すぎるといえるでしょう。
　伸びている市場を担当している部門、営業担当者の数が減ってしまった部門など、条件は一律ではないはずですから、それらのことが考慮されてしかるべきなのです。

　さて、部門の目標が定まったら、今度はあなたの部下の目標に分割して

いくことが求められます。営業での売上目標など、各部下の目標を合計すれば、そのまま部門の目標になるという場合は、それぞれの部下の力量に応じて、目標を分割していけばよいでしょう。

一方、間接部門などで、部門の目標が数字を分割していけるようなものでない場合は、それぞれの部下がどのような役割を果たせば、部門としての目標を達成できるのかを考えていくことになります。

さらに、これらの目標は上司であるあなたが、独断で決めて割り振ればよいというものではありません。部下とともに考え、最終的には、部下本人がやる気を持って取り組めるものとして、合意する必要があるでしょう。

ここまでが、期初に定めておくべきこととなります。

続いて、上司として、部下それぞれの目標達成に向けて、日々の支援をしていくことが求められます。

ベテランの部下なら、目標が設定されれば、自ら目標達成に向けた計画を立て、しっかりと遂行してくれるでしょう。そんな部下なら、困ったときに相談に乗る程度でよいかもしれません。

一方、新人や若手といった、どのように目標達成していけばいいのか迷ってしまう部下の場合は、一緒に計画を立てていくことが、支援の第一歩になります。

期中では、計画に対して順調に進んでいるのかを確認し、そうでないなら必要なアクションを取ったり、アドバイスしたりする、いわゆる"予実管理"が上司に求められています。

刻々と状況が変わる中で、目標自体の変更が求められることもあるかもしれません。その判断も上司に求められることの一つでしょう。

さらに部門での目標達成という観点からは、期の途中でメンバーの1人が目標達成しているのに、他のメンバーが目標達成に程遠いという場合、その目標の一部を肩代わりしてもらう、というリソースの再配分も、上司に求められていることです。

期が終わったタイミングでは、目標達成できたか／できなかったかという結果は明らかです。この期の目標達成という観点では、するべきことがないのですが、ある期の終わりのタイミングは、すでに次の期の始まりです。未来に向けて、持続的に目標達成を目指していくという観点では、終わってしまった期の評価と成長を促すためのフィードバック、来期に向けての知見の共有は、部下のモチベーション維持や組織としての成長という効果が期待できることから外せません。

　目標管理の評価と人事制度が結びついている場合は、評価次第で部下の報酬が決まってくることにもなります。評価に対して、部下に納得してもらうことは上司として重要な仕事だといえるでしょう。

　ここまでをまとめると、次ページの図のようになります。本書では、この流れに沿って、詳しく解説していきます。

【本書の流れ】

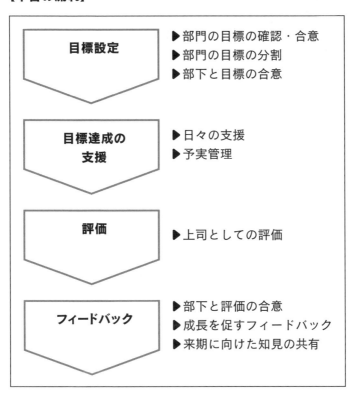

5 基礎知識1 X理論とY理論

　X理論とY理論というのは、マズローと同じ時代に活躍した心理・経営学者ダグラス・マクレガーが1957年に"The Human Side of Enterprise"の中で提唱した2つの対照的なマネジメントの考え方です。その当時、広く信じられていたマネジメントの前提は、人々は怠惰で、管理統制しないと組織にフィットすることはない、というものです。

- 平均的な人々は怠惰で、それで済むならできるだけ働かないほうがよいと思っている。
- 人々は命令されて働くことを好み、大志も持たず、責任も担いたくないと思っている。
- 人々は自分勝手で、組織のニーズに沿うことはない。
- 人々は変化を嫌う。
- 人々は聡明でなく、すぐにデマやイカサマ師に騙されてしまう。

この前提に基づくマネジメントは、次のようなものになります。

【X理論でのマネジメントの考え方】

- 人々を動機づけて、その努力や行動を組織のニーズに沿うように管理する。
- 何もマネジメントしないと、人々は自分からは行動を起こさず、あるいは組織のニーズに抵抗しかねない。
- したがって、人々を説得したり、報酬を与えたり、コントロールしたりして、その行動を指示下に置く必要がある。

しかし、マクレガーは「怠惰な人には管理的なマネジメントが適している」という主張をしたのではありません。逆に「そんなこれまでの人間観は正しいのだろうか？」と疑問を呈しています。
　そして、衣食住などの基本的欲求が満たされたこれからの時代には、もともと人に備わっている、前向きなモチベーションを活かしたマネジメントこそふさわしい、と主張しているのです。

【Y理論でのマネジメントの考え方】

- 人々はそもそも、受け身でも組織のニーズに抵抗的でもない。もしそうなっているとしたら、組織が人々をそのようにしてしまっただけである。
- 前向きな気持ちや、潜在的な成長の幅や、責任を担うだけの能力や、組織の目標に向かう行動の選択することは、もともと人々の内にある。
- したがってマネジメントとは、そのような人間性を認め、引き出すことなのだ。
- マネジメントの本質的な仕事は、組織の目標に向かう行動をとることで、個人のゴールにも最も近づけるよう、環境や状況をアレンジすることだ。

　あなたの部下への人間観はX理論とY理論のどちらに近いでしょうか？本書ではY理論に近い考え方での目標管理について説明していきます。

6 Goal Orientedな考え方

基礎知識2

"Goal Oriented な考え方"というのは、そのまま訳せば"ゴールに基づく考え方"で、Goal Based に近い概念です。Vision Pull、Backcast などと同様、未来の目標がまずあり、それが達成されるためには、どうなっていなければいけないかを、逆算していく考え方です。

これは、例えば前期までの営業目標が 20% 増しで推移しているから、今期も 20% 増し、あるいは少し上乗せして 30% 増し、のように"現状の延長線上"で目標を設定する、"Process Oriented"な考え方とは対極にあるものです。

【Goal Oriented な考え方と、Process Oriented な考え方】

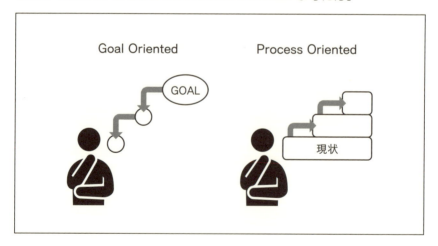

これは"無理な目標を立てて、がむしゃらに達成に向けてがんばる"というのとも異なります。例えば、これまで営業目標が 20% 増しで推移しており、今期から突然 100% 増しにするという目標が設定されたら、それは

現在のソリューションと営業戦力では到底難しいので、M&Aを真剣に検討する、などがGoal Orientedな考え方ということになります。

　Process Orientedな考え方は、現実的である一方、現状の枠や制約を超えるのは難しいことが多くなります。例えば、コストカットを目標の一つとするときに「○○部では△％までいけそう。××部では◇％までいけそう。なので積み上げで□％を目標にしよう」としてしまったら、イノベーションが生まれたり、モチベーションが上がったりする余地はありません。

　あくまで目標が先に提示され、「さて、これをどう実現していこうかな」と考えるのがGoal Orientedな考え方の第一歩です。

　最近のキャリアやライフプランの考え方では、5年後にどういう働き方や生き方をしたいか思い浮かべ、そのためには、3年後はどうなっていなければいけないのか、そして、そのためには今、何を始める必要があるのかを計画することが推奨されます。これもまたGoal Orientedな考え方といえます。

　このとき、積み上げの計算が全く必要ない、というわけではありません。逆に、それを積み上げてみると、何がどれだけ足りないだろうか？　何が一番障害になっているのだろうか？　その障害を取り除くにはどうすればよいだろうか？　など、合理的に考える道しるべとなりえます。

　これまで日本人はカイゼンなど、現状の積み上げをベースにした考え方が得意だといわれてきました。目標を大きく捉え、一段広い視野で解決策を探るGoal Orientedな考え方に、もともと強みとして持っている積み上げの計算をチェック機能として組み合わせて、より大きなストレッチのある目標に挑戦してみるのもよいのではないでしょうか？

ストーリー　うまくいかない目標管理

　桂さんは、オフィス家具メーカーの開発部門の課長です。ある日、メールチェックをしていると、人事からメールが届いていました。
「えっと……『新人事制度の本運用について』。なんだろ……、ああ、この前説明会があったやつか」
　今期から、新人事制度が始まることになっています。人事主催の説明会では、取締役から「我が社の将来のためにも、部下たちの目標管理、きちんと見てやってほしい」という話がありましたが、桂さんは忙しくてすっかり忘れていました。本文には『目標管理制度というのは単に評価のためだけにあるのではなく……』と長々と文章が続いています。
「ああ、能書きはいいから！」
　桂さんは、添付されていたファイルを開きました。
「要するに、これにそれぞれの目標を書いて提出すればいいってことね」
　添付されていた目標管理フォームにざっと目を通すと、提出期限を確認しました。

　今日は部下の竹田さんとの目標設定の面談です。桂さんが会議室に入ると、すでに竹田さんが待っていました。
「ごめんね、待たせちゃって」
「いえ」
「じゃあ、ぱっと済ませちゃおうか」
　少し緊張した面持ちの竹田さんに、桂さんは軽い口調で言いました。
「……ええ」
「で、目標、考えてくれた？　フォームは送ったやつだけど」
「はい、一応。でも、説明を見てもよくわからなくて。藤森先輩にも

相談したんですけど、先輩は新製品担当だから、目標、明確じゃないですか。僕はカスタマイズだから、営業からのお声がかかってからの仕事ですからね……」

　竹田さんは困った顔で、目標管理フォームを桂さんの方に見せました。桂さんが、目を通します。

「そうね。まあ、でも、事業部の売上目標が前年度比120%なのは知ってるよね？　つまり、仕事も20%増しになるってことじゃない。だから、業務効率を上げて、120%の件数の仕事をするってことで、いいんじゃないかな」

　桂さんにとって一番重要なことは、事業部の目標に対する課の貢献度合いです。個人の目標といっても、事業部の目標が達成できなくては、話にならないと考えていました。

「……うーん、そういうもんですかね？」

　竹田さんも売上目標が120%なのは知っています。しかし自分の担当する仕事は、案件ごとに金額もさまざまですし、件数を120%にしたところで、売上が120%になるとは限りません。

「ほら、ここにも目標は少しチャレンジがあるもので、定量的にって書いてあるし」

「確かに」

　桂さんが指さした部分には、確かにそのように書いてありました。

「あと、今度来る新人の山崎さんのOJTについても目標に入れてほしいんだけど」

　竹田さんは、この課に来て3年目です。しかし、新人のOJTを担当するというのは突然の話でした。

「えっ、でも配属は来月ですよ。まだ1回しか話したことないのに」

「なかなかデキる子だって聞いてるから安心して。すぐに戦力になってくれるんじゃないかな。普通に、最初はこのくらいマスターできれば合格ってくらいまで、まずは面倒見てくれればいいから」

　びっくりしている竹田さんに、桂さんは手を振りながら、大したこ

とないよとアピールしました。
「最初はこのくらいマスター、って言われても……。じゃあ、まずは専用アプリの操作に慣れてもらうってとこからかな」
おおざっぱな桂さんの依頼に、竹田さんは自分が新人の頃を思い出しながら言いました。
「そうね、ツールが使えなきゃ、仕事にならないもんね。じゃあ、それでよろしく。……あと２つもあるのかぁ。他は何か目標にしたいものある？」
ともかく目標管理フォームを埋めなくてはなりません。だいたい話が決まった２つが大変そうだから、あとはなるべく簡単にできるものを考えようと竹田さんは思いました。

竹田さんは、期初に立てた目標を達成すべく、日々仕事に取り組んでいます。最近はちょっと難しい案件にも挑戦することになりました。
「先輩、ちょっといいですか？」
「おう、なんだ？」
パソコンで作業していた藤森さんが手を止めました。藤森さんは新人の頃からいろいろと教えてくれる先輩で、竹田さんはとても頼りにしています。竹田さんは自分のノートパソコンを見せました。
「ここの強度、この計算で大丈夫ですかね？」
「どれどれ……あー、結構攻めてるなぁ。他のところは……なんだ、なんだ……スゴイなぁ」
藤森さんは質問したところ以外にも、全体的にデータを見てくれているようです。
「で、大丈夫ですか？」
少し考えて藤森さんは、うなずきました。
「ま、なんだかんだ言って素材メーカーさんからは信頼できるものが来るから大丈夫だろ。まだ少し余裕ありそうだし。しかし、この案件、ずいぶんつきっきりじゃないか？　最近、オレにまでカスタマイズの

仕事が回ってくるぞ。新人もオレにばっかり質問してくるし」

竹田さんは、念のため確認してもらいたかっただけなのですが、藤森さんには他にも迷惑をかけてしまっているようです。

「そうなんですよ。そういえば、今年から始まった目標管理、カスタマイズの件数を目標にしちゃったんですよね、大丈夫かな。数でいったら、全然なんだよな……」

今期は難易度の高い案件も多く、1人で数をこなすのには限界があります。このままではとても達成するのは難しそうで、竹田さんは不安になっていました。

「心配なら、桂さんに聞いてみたら……って、桂さんも例の立ち上げでずっと客先だからなぁ……。もう1週間見てないよ」

「あの人もスゴいですよね」

上司である桂さんのパワーには、いつも驚かされてしまいます。出張、出張で、このところは席にいることの方が珍しいくらいでした。

「ホントになぁ。ま、悪いようにはならないだろ」

「そうっすね」

件数という意味では達成できなくても、内容的には前年度比120％の仕事ができているというのは、桂さんも認めてくれるだろうと、竹田さんはなんとなく思っていました。

今日は目標管理の評価の面談をすることになっています。竹田さんは会議室で、上司の桂さんを待っていました。

「ごめんね、待たせちゃって」

「いえ」

「じゃあ、ぱっと済ませちゃおうか」

「ええ」

いつもの軽いノリで、桂さんが言いました。

「で、自己評価はつけてくれた？　フォームは案内したよね」

「はい。入力したら、自動的に桂さんのところに行くって書いてあっ

たんですけど……」
「えっ？　ちょっと待って。ああ、あったあった。これね」
　慌てて桂さんがパソコンを操作しています。
「見つかってよかったです」
「どれどれ、……んんっ」
　竹田さんの自己評価を見ていた桂さんが、ちょっと困ったような声を上げました。
「なんか、問題ですか？」
「……ほら、目標に対して、結果も対比できるようにって書いてあるじゃない？　件数を目標にしたわけだから、何件だったかは書かないと」
「いえ、でも、そうすると全然目標達成してないみたいになっちゃいますよね」
　もちろん竹田さんも、その説明は読んでいますし、目標が件数なら、評価も件数で書くべきだということは、重々理解しています。
「数値上はね。でも、竹田さんがちゃんといい仕事をしてたのは知ってるから。この項目は目標達成でいいんじゃないかな」
「そんなちぐはぐで、大丈夫ですか？」
　竹田さんとしては、目標達成という評価にしてもらえるなら問題はないのですが、こんなやり方で大丈夫なのか、戸惑いを隠せません。
「……私もちゃんと説明するから。それと、こっちは……。……山崎さんの項目だけど」
　もう一つの大きな目標であった、新人の山崎さんの育成の評価を見ながら、桂さんが難しい顔をしています。
「はい」
「これはどうかなぁ、竹田さんが重要案件で忙しかったのはよく知ってるけど、結局、面倒見てくれてたのは藤森さんだったし、最初にお願いした『このくらいマスターできれば合格』まではいってなくて、まだまだ戦力にはならなそうだし……」

確かにかなり藤森さんにも助けてもらいましたが、こちらの項目については、ちゃんと目標通りにやれたという自信がありました。
「でも、目標に書いてあるツールについての項目は、できてると思いますよ。納品先に合わせてファイル形式とかちゃんと変えてくれるし」
「そうねぇ……」
　桂さんは不満そうです。この項目は、たぶん評価を下げることになるのでしょう。
　結局、設定された目標は関係ないってことなのかなぁ。なんのための新制度なんだろう……と、竹田さんは思いました。

解　説

　新人事制度として、目標管理が導入された、とある会社でのストーリーはいかがでしたか？

　桂さんは事業部の業績には貢献していますし、部下たちからも一目置かれているようです。しかし上司としての役割を、しっかり果たしていたかというと、疑問点があるかもしれませんね。

　人事制度の変更は、どんな企業でも、狙い通りに運用されるようになるまで困難があるものです。桂さんは、説明会に参加しているようですが、正しく目的を理解しているとはいえないようです。

　個人の目標設定から、日々の活動、評価の合意という流れは一般的なものですが、若手の部下である竹田さんには、戸惑うことが多かったようです。

　どんな目標を立てたらよいのか困っている部下に対して、上司として要望を伝えるのはいいですが、部門全体からの視点、本人の特性や成長の視点、評価するときのことなど、事前によく考えた上での要望だったでしょうか。

　また、日々の業務の支援も十分だったとはいえないようです。そして評価の段階では、部下に不信感を持たれてしまいました。

　狙い通りに運用されなければ、どんな立派な制度を作っても、それは絵に描いた餅になってしまいます。

　本書では、目標管理を行なうための、一般的なプロセスを踏まえながら、その中で上司がどのような言動を取ればよいのか、また部下のモチベーションを上げるための基礎知識なども、順を追って学習していきます。

2章

モチベーションを高める目標設定

1 目標設定は事前準備と面談で決まる

　目標管理は、目標の設定からスタートします。目標管理の目指すところは、より大きな組織目標の達成に寄与し、目標達成しようとする本人が、自分自身で活動や判断を管理できるようにすることです。上司であるあなたが、勝手に設定して決めてしまうものではありません。目標達成の主体である部下が「この目標の達成に向けてがんばっていこう」と思える、そんな目標として合意する必要があるでしょう。

　この領域で、よく紹介されるのが、アメリカのコンサルタント、ジョージ・T・ドランが発表した"SMART"な目標です。

【"SMART"な目標】

Specific	具体的な
Measurable	測定可能な
Assignable	割り当て可能な
Realistic	現実的な
Time-related	時間的制約のある

※さまざまな人がアレンジを加えているため、数多くの"SMART"な目標のバリエーションがあります。

　「この5つすべてを兼ね備えているのがよい目標である」と言われたりもしますが、ドラン自身は「この5つは必須項目ではない」と断言しています。ただし、この5つを念頭に置くと、目標達成に向けて管理しやすい目標設定ができるのも事実ですから、チェック項目として知っておいて損は

ないでしょう。

　それ以上に重要なのは、適切な目標であるということです。

【適切な目標】

> ・より大きな組織目標の達成に寄与する
> ・目標達成しようとする本人が管理できる

　この章では、この２つを満たす目標設定を目指します。

　そのために事前に上司として準備し、考えておかなくてはならないことは何かを整理します。そして、部下が「この目標の達成に向けてがんばっていこう」と思える、そんな目標として合意するために、どのように面談を進めればよいのかを、詳しく見ていきます。

　目標を設定するためのプロセスを、事前準備と面談での合意に分け、次のように順を追って説明していきます。

【目標設定のプロセス】

事前準備	1.自部門の目標の確認・合意 2.自部門の目標の分割 3.メンバー分析 　①特性を整理する 　②キャリアを考慮する 　③長期的な能力目標 4.部下への目標の割り当て
面談での合意	1.場の雰囲気を作る 2.部下の意見や希望を聞く 3.上司の考えを伝える 4."目標"として合意する

2 事前準備1
自部門の目標の確認・合意

　本書では、適切な目標の一つを"より大きな組織目標の達成に寄与する"と定義しました。まず、自部門の目標がしっかりと定まっていなければ、部下の目標設定はままなりません。

　そもそもあなたの部門の目標は適切でしょうか？　1章4項の「上司であるあなたに求められていること」で説明した通り、ビジネス環境や部門のリソースを考えた上で、達成可能なものでしょうか？　また、その達成は"より大きな組織目標の達成に寄与する"でしょうか？　その答えが自信を持って「Yes」と言えないものなら、あなたの上司と納得がいくまで話し合い、確認をし、合意しておく必要があります。

　自部門の目標が定まったら、部下の目標へとブレークダウンしていくことになります。このことについて、ドラッカーは自分の好きな寓話として、3人の石切工の話を紹介しています。自分の仕事について、1人目の石切工は「日々の糧を稼いでいるんだ」と答え、2人目は「石切工として最高の仕事をしている」と答え、3人目は「大聖堂を建てている」と答えたといいます。

　この話は"レンガ積みの話"というバリエーションで、目的意識の大切さなどで語られることもあるのですが、ここでドラッカーが主張しているのは、上司は「自分の部門が、全体に対してどんな貢献をしているのか」を、きちんと結びつけて理解し、それを周囲に示せるようにしていなければいけない、ということです。

　どんな小さな単位の仕事でも、最終的には大きな組織の目標達成に寄与しているはずです。例えば、あなたが作った企画書を、会議での配布用に製本する仕事を、部下である1人の新人が請け負ったとしましょう。その企画が全社のプロジェクトとして認められ、ビジネスとして花開いたなら、

単なる製本の仕事でありながら、それは会社の事業の一つを切り開くことに貢献したといえるのです。

もちろん、上司としては、そのような結びつきを理解しているだけでなく、うまく伝えられるようにしておく必要があります。ただの"石切"の仕事をさせるのか、"大聖堂の建築"に携わらせるのかは、上司であるあなたの説明にかかっているのです。

さて、このような観点から、事前準備の手始めとして、自部門の目標や役割の説明を、今一度、配属されたばかりの新人でも理解できるレベルで、きちんと考えてみましょう。

「うちは営業組織だから、数字が分割されて落ちてきているだけだよ……」という方もいるかもしれませんね。定量的な目標は、売上や利益といった数値だとしても、期待されている役割はそれだけではないはずです。例えば、「全国的に見て○○な特徴のある、△△のテリトリーを任されている」とか「全社の商品のうち、○○な伸びを期待されている、△△な商品群を任されている」など、あなたの部門ならではの説明が可能でしょう。

「いやいや、伸びている部門はいいけれど、このご時世、そんなかっこいい説明はできないよ……」という声も聞こえてきそうです。そんなときでも、いいえ、そんなときこそ、既存の部門が一定の売上を確保し、その安定感の上で、今後伸びる部門への投資を可能にする、というバランスもあるものです。

間接部門でも考え方は同様です。直接的に利益貢献しているビジネス部門が、効率よく利益を生み出すために、さまざまなサービスを提供しているのが間接部門ですね。

このように自部門の目標や役割を、より大きな組織の中の一部として定義し、メンバーにうまく伝えられるよう、説明の言葉を準備しましょう。

3 事前準備2 自部門の目標の分割

　自部門の目標を明確化できたら、次の2つの要素を満たすものとして、部下の目標設定を考えていきます。

【適切な目標】

- より大きな組織目標の達成に寄与する
- 目標達成しようとする本人が管理できる

　部下から見ると、"より大きな組織目標"というのは、明確化された自部門の目標です。それに寄与するわけですから、部下の目標というのは、自部門の目標がブレークダウンされたり、分割されたりしたものとなります。つまり、自部門の目標と部下一人ひとりの目標は次のような関係です。

【自部門の目標と部下の目標】

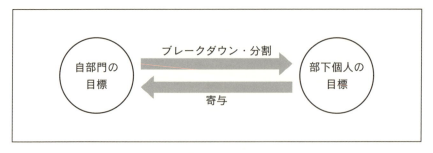

　さて、それでは、自部門の目標をどのように、部下の目標に分割していけばよいでしょうか？
　ここで、目標そのものの表現や、記述を手がかりに分割しようとすると

難しいかもしれません。まずは自部門の業務を分割し、それらを割り当てられた部下一人ひとりが、どのような目標を達成したら自部門の目標の達成に寄与できるだろうか、と考えるのがよいでしょう。

例えば、営業部門なら、最初のコンタクトから、商談、そして納品、代金の回収といった業務の流れがあります。最初のコンタクトは若手がどんどん電話をかけて、商談はベテランが引き継ぎ、請求書の発行や売掛金の管理などはアシスタントが担当するとした場合を考えてみましょう。それぞれの目標は、毎月〇〇件のアポイントメントを取る、今期の売上を□□円とする、2カ月以内の売掛金の回収率を100%とするといったものになるでしょう。

このように業務を時間軸で分割していく考え方を"時系列的分割"と呼びます。他にもシステム開発なら、上流工程と呼ばれる仕様を決定するステップがあり、仕様通りに開発していくステップがあり、それらをテストしていくステップがあります。これも時系列的分割です。

一方、時系列的には順不同だが、どちらも自部門の業務であるというものもあります。"どんな種類の"仕事をしているのかという切り分けです。

例えば、人事部門の業務であれば、給与関係の業務と、採用の業務というものであったり、営業でも、Aというお客さまの対応と、Bというお客さまの対応というものがあったりします。このような、時間的には平列、あるいは順不同のものの分割を"機能的分割"と呼びます。

実際には、営業ならAというお客さまの対応の中に、時系列的なプロセスがありますし、Bというお客さまの対応も同様ですから、時系列的分割と機能的分割の組み合わせで、自部門の業務全体をカバーできることになります。

例として、営業部門の目標を分割したものを挙げておきます。これも参考にしながら、次ページのワークシートで、自部門の目標を分割してみましょう。

📖 【例】目標の分割

営業部門の目標を分割すると、以下のようになります。

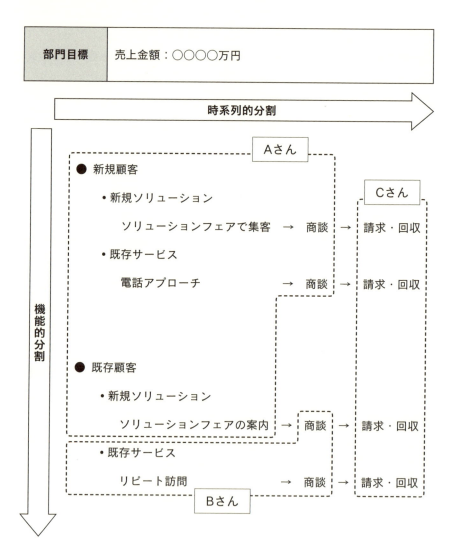

📖✏️ 【応用】自部門の目標の分割

あなたの部門の目標はどのようなものですか？ 左ページを参考に、時系列的分割と、機能的な分割を組み合わせて書き出してみましょう。

部門目標	

→ 時系列的分割

↓ 機能的分割

4 事前準備3 メンバー分析① 特性を整理する

　自部門の目標が分割できたら、それらをメンバーの誰に割り当てるのかを考えていくことになります。最初に行なうべきことは、部下それぞれの特性を分析することです。
　ここでは、経験／知識／スキルの有無やレベル、やりたい／やりたくない領域、組織（あなた）からの期待という3つの観点で、部下の特性を整理していきましょう。

【部下の特性を整理する3つの観点】

- 経験／知識／スキルの有無やレベル
- やりたい／やりたくない領域
- 組織（あなた）からの期待

　まず、経験／知識／スキルの有無やレベルについて考えます。
　経験は、どんな職種で仕事をしたことがあるのか、その職種の中でどんな役割だったのか、どんなプロジェクトに、どんな立場で参加したことがあるのかなどがあります。注意事項としては、"今の仕事に関係のない経験"も一通り列挙しておくことです。
　経験が列挙できると、その中で使ったことがある／使えるようになった知識やスキルを列挙しやすくなります。あなたもその仕事の経験があって、どんな知識やスキルが必要なのか見当がつく場合はよいですが、そうでないときは本人に聞いてしまうほうが早いかもしれません。
　これも、今の仕事に関係のない知識／スキルや、他に得意なことはないかなどを、念のため確認しておくとよいでしょう。

次に、やりたい／やりたくない領域です。

これは普段の様子でわかる部分もあるでしょう。注意したいのは、必ずしも「得意だからやりたい」あるいは「不得意だからやりたくない」ではないということです。

特にビジネス環境の変化が激しい今日では、1つのキャリアに依存するリスクが盛んに喧伝されています。少し前に「ニューヨーク・タイムズ」紙で、キャリアの研究者であるキャシー・デビッドソン氏が「今の小学生が成人になる頃、その65％は現在存在しない仕事に就くだろう」という主旨のことを語り、話題になりました。

新しい仕事が生まれるということは、これからなくなってしまう仕事があるということでもあります。そのことを敏感に感じているビジネスパーソンの中には「得意な領域でしか仕事をしていない」ことが、将来に対してのリスクだと考える人も少なくありません。

また、去年までは「やりたい仕事」であったものが、今年は「もはや、やりたくない仕事」になっているかもしれませんし、その逆もありえます。

いずれにしても、ここは本人の忌憚のない意見や希望を聞き出しておく必要がある領域ということになります。

最後に組織（あなた）からの期待です。

これは2つの側面で考える必要があります。1つ目は短期的な効率で、目標を割り当てる相手を、純粋にリソースの一つと考えることです。"得意なこと"または、得意とまではいえないにせよ、"事前に何かを教える必要がないこと"を任せれば、その力をすぐに成果に結びつけることができるでしょう。

また、逆に"あなたがやるのはふさわしくない仕事"を任せるという考え方もあります。例えば、営業部には見積りや毎月のレポートを作成するために、サポートメンバーを配置している組織もあります。それは営業責任者や担当者には、見積りや毎月のレポート作成に時間をかけるのではな

く、お客さまへの訪問に、より時間とエネルギーを費やしてほしいという組織上の期待があるということです。つまり、"見積りや毎月のレポート作成"は、"営業責任者や担当者がやるのはふさわしくない仕事"と考えられているということです。

そして、もう1つは個人の成長です。個人が成長していくためには、"今はできない仕事"を任されて、その結果"今後はできる仕事"にしていく必要があります。実際の仕事をしないのに、研修を受けたり、本を読んだりするだけでは、絶対に"できる仕事"にはなりません。

ということは、成長を期待するなら、効率を犠牲にしてでも"今はできない仕事"に関する目標を設定し、期末には目標達成とともに"今後はできる仕事"にしてもらう、という選択を考える必要があるでしょう。

個人の成長は、組織の成長へとつながっていきます。つまり長期的に考えたときに"組織と個人の、未来への成長の準備となるもの"が望ましいといえます。

このように3つの観点で、それぞれのメンバーの特性について整理してみましょう。このとき、あなたの部下が1人なら、すぐに"じゃあ、この仕事を任せようか"と考え始めてしまっても構いません。しかし、あなたが多くの部下を持つ上司であれば、まずはメンバー全員について整理して、一覧できるようにしてみましょう。1人ずつ考えていたのとは違う発見やアイデアが見つかるかもしれません。

このように目標を割り当てる前に、まず部下の特性に合わせ、業務・仕事の割り当てを考えるところから、始めるとよいでしょう。

📖 メンバー分析

任せる仕事を考えるために、メンバーや自分について、分析してください。

名前	経験／知識／スキル	やりたい／やりたくない	組織からの期待
あなた (　　)			

5 事前準備3
メンバー分析② キャリアを考慮する

　ここまで、どのような目標を割り当てるかについて、上司の目線から考えてきました。事前準備3・メンバー分析①の"やりたい／やりたくない"領域でも少し触れましたが、少し視点を変えて、部下の目線からの目標というものを考えてみましょう。

　部下から見ると、目標が割り当てられるということは「その仕事に集中して取り組む期待をかけられた」と感じられます。目標管理制度と結びつけると、それ以外の活動は「評価―報酬からは外れる」ということですから、かなり重要です。

　あなたが考える目標は、短期的に"次の期に達成すべきもの"であると同時に、長期的に"組織と個人の、未来への成長の準備となるもの"となることが望ましいことは前述しました。

　部下個人にとっても同様です。短期的に効率よく"自分の能力を価値に変換し、評価―報酬を得る"ということと、長期的に"未来への成長の準備となるもの"ということの、両方を考えているものです。

　最近の若手は「すぐに転職を考える」といわれたりもしますが、人が"将来に対しての安心を得たい"と考えるのは、今も昔も変わりません。変わったのはビジネス環境です。終身雇用制度の維持が企業的に難しくなった今日、常に"次の一手"を考えておくのは、リスクマネジメントの観点からも当然のことではないでしょうか。

　そのように考えると、"今日任される仕事"が"明日の備えになる仕事"でもあることは非常に重要になってきます。それは専門領域を深めることかもしれませんし、逆に仕事の幅を広げていくことや、収入を高めることにつながる何かかもしれません。

ここで注意したいのは、キャリアというのは単に"仕事の経験が増え"て、"任せられる仕事の幅が広がる"というだけではない点です。
　"仕事の経験"を、そこで得られる"知識やスキル"などにブレークダウンすると、応用範囲はぐっと広がります。
　例えば、店頭で季節ごとにPOPを貼り替える仕事は、季節感を出すためのカラーコーディネートの知識や、ほどよいイラストや写真素材を見つけ出し、活用するスキルなどが身につくことが期待できます。
　それらの知識やスキルは、マーケティング部門などでも活用できたり、さまざまな企画プレゼンテーションを成功させるスキルとしても活用できたりするでしょう。
　このように捉えると、単なる"店頭での仕事のバリエーション"の一つだけではない、将来に向けた知識やスキルと考えることもできるのです。

【部下のキャリア】

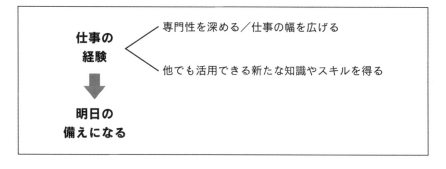

6 事前準備3
メンバー分析③ 長期的な能力目標

　部下の立場から、キャリアについての目標の考え方をお伝えしましたが、目標管理制度では、業務そのものを表現した業績目標とは別に、能力目標を設定することがあります。

　業績目標は、その期に達成しなければいけない組織全体の目標を反映するものですから、短期的になくてはならないものです。

　一方、能力目標は一人ひとりの成長に焦点を当てた目標です。こちらは長期的で、いわば未来への投資となるものです。

　一般的には、すぐには業績を上げることのできない若手への奨励策、あるいは救済策として捉えている方も多いかもしれません。単に"一人前になるまでに、これを勉強しておけ"という目標が設定されることも多いのですが、ビジネス環境が目まぐるしく変化する今日では、組織と個人の未来を見据えた、能力目標の設定をしていくことが求められています。

　さらに、可能であれば、今期の実際の業務の中で活かせるという条件を満たすものが、より望ましいでしょう。

　例えば、現状の営業職での仕事は、マニュアル通りの説明がほとんどというケースでも、組織と個人の未来を見据えると、相手に合わせてロジカルに説明するスキルを能力目標にできるでしょう。顧客のニーズや社会の変化への対応という点でも有効です。

　そのような観点から、ロジカルな説明のスキルを身につけ、さらに現場でもプラスアルファの説明を実践してみる、という目標を設定すれば、未来への投資になるばかりでなく、今期の業務に活かせるものになるでしょう。

問題なのは、目標管理制度に記入欄があるから、とにかく何かを設定しなければいけないと考えてしまうときです。
　そこで、短期的にも長期的にも組織目標と関わりがなさそうなのに、とりあえず資格試験や研修を受けるというだけの能力目標は意味がありません。
　個人のモチベーションということを考えると、本人の興味があることに取り組ませるのは有効ですが、それは仕事になりえるのか、趣味の範囲なのかを、判断していかなくてはいけません。
　ただ、思いもかけない変化というものがあるのも事実なので、頭から否定するのも考えものです。
　例えば、普段は基幹システムの保守をしている技術者が、「スマートフォンのアプリ制作のスキルを身につけたい」と言ってきたとしましょう。よくわからないからOKとするのも、よくわからないからNGとするのも、どちらも上司として判断をしているとは言い難いですね。
　「そこで勉強してきたことの中から、保守メンバーの今の業務に役立つ内容をプレゼンテーションで共有する」という条件をつけてOKするなど、しっかりと業務との結びつけを課すとよいでしょう。
　この能力目標を達成することで、部下自身が「将来も活躍できそうだ」と自信を持つことができるよう支援していきたいものです。

7 事前準備4 部下への目標の割り当て

　自部門の目標を分割し、部下の特性を整理し、さらにキャリアを考慮した上で、いよいよ部下一人ひとりに目標を割り当てていきましょう。"割り当てる"と表現はしましたが、あくまで部下の希望を聞いた上で、目標を合意し決定することになります。この合意と決定は面談の中で行なわれますから、上司としてのあなたなりのイメージを描いておくということです。

　まず考えなければいけないのは、部門の目標を達成するために、抜け漏れがないかという網羅性です。
　営業部門であればお客さまリストや商品リスト、技術部門であればプロジェクトリストがあるでしょうから、それらをすべてカバーしている必要があるでしょう。間接部門であれば、仕事の内容で考えるとわかりやすいですね。人事の仕事であれば、労務の仕事、採用の仕事、研修の仕事などです。
　目標管理制度上、項目数が限られるため網羅することが難しい、という場合もあるかもしれません。この時は、前述した"SMART"な目標とするのは難しいですが、「その他、○○の領域で必要とされ、上司から指示される仕事」という項目を立てておくという選択肢があります。
　伝統的な日本の感覚だと「そんなことも明記しなければいけないなんて」と感じるかもしれませんが、グローバル化が進む中、明文化しておかないと、目標を割り当てられた相手から「目標として設定されていないので、やらなくていい仕事だと判断しました」と言われてしまったら、上司であるあなたは少し説明に困ってしまうでしょう。あくまで選択肢の一つとして、頭に入れておいてください。

次に考えるのは、部門の目標を達成するために、そのレベルで十分かという実現性です。営業の数値目標なら、メンバー一人ひとりの数値（と場合よっては上司であるあなたの数値）をすべて足したものが、部門の目標となっている必要があります。ここで、実現性を高めるために「一人ひとりの数字が目標にいくのか、その実現性が疑わしいから、一人ひとりの目標を高めに設定しよう」（あるいはその逆）という考え方は、後の評価―報酬を考えると問題があります。

目標管理制度を運用していく大前提は、"すべての社員が目標を達成したら、想定通りの原資を準備でき、約束された報酬を全員に100％支払える"ということです。

もし一人ひとりの目標を高めに設定して、全員が目標達成したら、理論上は想定以上の原資が会社に集まることになります。しかし、支払われる報酬は100％分ですから、社員のがんばりに比例した報酬を支払わない企業ということになってしまいます。

逆に一人ひとりの目標を低めに設定した場合、全員が目標達成したのにもかかわらず、原資は支払われる報酬の100％分集まっていないことになりますから、約束した報酬が支払われないということが起きてしまうかもしれません。これもまた、社員のがんばりに比例した報酬を支払わない企業ということになるでしょう。

したがって、基本は次のようになっていなければなりません。

【部門の目標】

> 部門の目標＝部下全員の目標（＋上司であるあなたの目標）の総和

営業のように数値で定量的に表現しやすい部門ならともかく、そうでない部門はどうすればよいでしょうか？

この場合、赤字プロジェクトの数、社員満足度、社員からの依頼に対応するまでの時間といった、代表的な数値を定量的に置くというのも一つの

手です。

　ただし、そもそも"定量的に表現しきれない"わけですから、無理があるのは当然です。この数値で表されるもの以外にも、網羅性、実現性を考えた上で、目標設定することが望ましいでしょう。

　さらに、この"定量的に表現しきれない"ものについては、目標のイメージを共有するために、例示をいくつか明記しておくことをお勧めします。

　例えば総務部門などで、社員からのリクエストを受け、それに応じて仕事が発生するような業務を担当させるとします。

　その場合、"社員の業務を円滑にするサービスを提供する"ということが、目標の主内容になるでしょう。

　このとき、"毎月1通は感謝のメールを社員から送られる"というのを定量的な目標としてしまうこともできますが、もう少し緩やかな例示として、"社員から感謝の言葉をもらう／社員からのクレームはない／感じのよい対応だったと言われる"といった基準を列挙しておくとよいでしょう。

　評価のときには、その列挙に類する事実を並べて、あなたと部下でお互いに判断するということになります。

　大切なのは、目標を見据えて、部下本人が判断でき、目標達成に向けての行動を選択できるようにしておくことです。

📖 目標の割り当て

部門のメンバー全員に目標を割り当ててみましょう。このメンバーにはあなた自身も含まれます。

名前	目標・役割の範囲	達成した状態・期待レベル

チェックポイント	□項目に抜け漏れがない	□適切なレベルである □総和が部門の目標になる

8 面談での合意1
場の雰囲気を作る

　事前準備では、上司として考えておくべきことは何かについて、順に解説してきました。
　ここからは部下が「この目標の達成に向けてがんばっていこう」と思える、そんな目標として合意するために、どのように面談を進めればよいのかを、詳しく見ていきます。

【適切な目標】

- より大きな組織目標の達成に寄与する
- 目標達成しようとする本人が管理できる

　最終的にこのような目標を設定するためには、本人の合意が欠かせません。単に与えられただけの、いわば押しつけの目標では、本人のやる気を100％引き出せず目標達成できないという、残念な結果になってしまうリスクがあります。
　本人の希望を普段から知っておき、さらに面談の場で、改めて話してもらうことが肝要です。

　したがって、目標設定の面談は、"伝える"と"聞く"の両方の要素が含まれている、"合意する面談"を行ないます。このタイプの面談で重要なことは、単に「伝えたことを相手に納得させる」というものではないということです。
　北風と太陽という有名なイソップ寓話があります。この話は、北風と太陽が、旅人の上着を脱がす勝負をするというものです。北風は冷たく吹き

つけて上着を吹き飛ばそうとしますが、旅人は上着をしっかり押さえて抵抗しました。一方、太陽はポカポカと温かな光で照らすことによって、旅人が上着を脱ぎたくなるよう仕向けたのです。つまり、力任せに人を動かそうとしても、思うようにはならないということです。

同様に、相手に「何がなんでも自分の伝えたことを納得させよう」という考えで、面談に臨んだとしましょう。そんな気持ちが伝わることで、ますます相手はかたくなになり、納得を得にくくなるものです。こちらの伝えなければいけないことは理解してもらうが、相手の話も聞き、お互いの情報や気持ちを取り入れた、双方の納得がいく、新しい結論を導き出さねばなりません。

進め方はいろいろ考えられますが、以下のようなパターンになるでしょう。

- 部下が話す → 上司が話す
- 上司が話す → 部下が話す
- 上司が話して組織目標を共有 → 一緒にアイデアを出し合う

いずれにしても、上司が一方的に話すのではなく、どちらもが話し、どちらもが聞くという機会があり、その後で合意するというプロセスを取ることになります。

ここで注意したいのは、部下が話す内容がどの程度本音なのか、ということです。組織が変わったばかりで、上司―部下の距離感がつかめていなかったり、目標管理制度が導入されたばかりで、お互いが面談に慣れていなかったりすればなおさらです。

そうでなくとも、部下から見れば上司であるあなたと話をするというのは、一定の緊張感を伴うものです。うまく場の雰囲気を作って、本音を引き出しやすくしておきたいものです。

例えば、リラックスした雰囲気を作るのなら、次のような準備するとよいでしょう。

【リラックスした雰囲気を作るポイント】

- 広すぎないまでも、十分な広さがある場所
- 適度に静かで、プライバシーが守られている場所
- 初めに要件は伝えるが、あくまで柔らかで笑みのある表情
- いきなり本題に入るのではなく、近況など、話しやすい話題から

リラックスした雰囲気を作りたいといっても、環境によっては会議室の数が限られているので、いろいろな場所から最適なところを選べないという場合もあるでしょう。しかし、そんなときでも、対面で座るのか、隣に座るのかで雰囲気は全く変わります。

いつもの会議室で、対面で座らないと不自然だと感じられるかもしれませんが、例えば「この資料の説明をしたいから、こっちに座っていいか？」と言いながら、横並びや90度の席に座り直せば、不自然ではないはずです。

【座る場所による印象の違い】

- 対面　：緊張感が高まり、遠い距離感
- 横並び：緊張感があるが、近い距離感
- 90度　：緊張感を下げ、安心しやすい距離感

もちろん、必ずしもオープンでリラックスした雰囲気にしなければいけないということではありません。
　重要なのは、"相手がしっかり話せて、納得のいく合意を得る"という目的です。その手段として、まず雰囲気作りがあるのです。
　目標設定の面談は、期の成果を左右する重要な機会になります。適切な雰囲気作りをして、実のある面談にしていきたいものです。

面談での合意2
9 部下の意見や希望を聞く

　"相手がしっかり話せて、納得のいく合意を得る"ための第一歩として、まずは意見や希望を聞く時の留意点について、整理していきましょう。ここでは、まず部下が話し、上司が話すという順に説明しますが、まず上司が話し、部下が話すという場合でも、ポイントは同じです。

　意見や希望を聞くといっても、いきなり「それで、今期の希望は何？」とそのままの問いをぶつけては、相手は戸惑ってしまうかもしれません。雰囲気作り後の、面談の進め方を確認しておきましょう。
　部下が話し、上司が話すという順で進める場合、面談の進め方を確認するためには、例えば「今期に取り組みたい仕事や、今後のキャリアについての希望をまず聞かせてくれないか？　十分に話ができたところで、組織からの期待を話したいと思う。最後に、双方の情報をすり合わせて、やりがいを持って取り組める、そんな目標設定をしていきたいと思う」などと言うとよいでしょう。
　この例では、「やりがいを持って取り組める目標設定」という、相手にとってメリットが感じられる表現で、面談のゴールも提示しています。
　このように、進め方と同時に、面談をすることのメリットを感じさせるような表現も付け加えることで、「ちゃんと話そう」という相手の気持ちを引き出せるでしょう。

　相手の話を聞く、いわば目標設定面談の要となるステップでは、2つのコミュニケーションスキルを組み合わせていきます。その2つとは、問い方と聴き方です。
　問いはさまざまな場面で会話をリードします。よく、話し上手は聞き上

手などと言いますが、この"聞き上手"というのは、"うまく問いを繰り出して、話題を引き出す"ということと、"うまい聴き方をして、話を弾ませる"の2つの要素を含んでいます。

　問い方の基本は、答えやすい問いから始めて、よくよく考えなければ答えられない問いに進める、ということです。

　答えやすい問いというのは、問われていることの範囲と内容が明確で、しかも答えることにリスクがないものです。

　例えば、「ここ最近の仕事で、一番印象に残っているのは何かな？」というのは、内容が限定的で、楽しかったことも苦しかったことも、どちらも選んで答えられるので、答える側のリスクが低い問いです。

　内容が限定的といっても、上司であるあなたとの仕事を持ち出して、「○○の仕事は楽しかったか？」と問うのは、なかなかNoと言い出しづらい、リスクが感じられる問いといえるでしょう。

　よくよく考えなければ答えられない問いというのは、目標設定の面談の場合、自分や組織の未来に関することです。

　「自分の特性は何か？」「何ならやりがいを持って取り組めるのか？」「それらは今後のキャリアを伸ばす上で、どんな役に立ちそうか？」また、「個人的な希望と、組織の期待の折り合いをどうつけるのか？」といったものがあるでしょう。

　ここで気をつけたいのは、問いのようでいて問いではない、いわば"答えを強要する問い"というものを、知らず知らずのうちに発してしまうことです。

　例えば、「○○については、もう任せて大丈夫だよな？」＝任せるからよろしく頼む、「○○にも取り組んだらどうだ？」＝やらないという選択肢はないけどな、といった違う意味を感じさせるものです。

　文法上は問いの形を取っていても、このような問いでは、相手は威圧感を覚え、強要されたと感じるでしょう。問いは自然な形で話題をリードし、スムーズに相手からの情報を引き出せる強力なツールですから、上手に使いこなしたいものです。

【問い方のポイント】

- 答えやすい問いから、よくよく考えなければ答えられない問いへ
- 強要する問いを使わない

　また、効果的な聴き方は話を弾ませます。相手の話したい気持ちや、建設的に話を進めていこうという気持ちを引き出し、実りある面談をサポートしてくれるでしょう。そのポイントは"言葉による聴き方"と"態度による聴き方"です。

　まず、「この人はちゃんと聴いてくれているんだな」とわかる言葉というのは、どのようなものでしょうか？　まず「なるほど」とか「そうだったのか」とか「うんうん」などの、あいづちがあります。また、さらに相手の言葉をおうむ返しして、「なるほど○○か」とか「○○だったのか」と言うのも効果的です。

　次に、「この人はちゃんと聴いてくれているんだな」とわかる態度というのは、どのようなものでしょうか？　うなずきというのが一番わかりやすいものですが、それだけでなく、内容に合わせて驚きの表情を見せるなどもあるかもしれません。身を乗り出してとまではいかないまでも、重心を前にして聴く、視線をきっちりと合わせるなども効果的でしょう。

　このような言葉や態度によって「この人はちゃんと聴いてくれているんだな」と思ってもらえれば、聴き方は満点です。場合によっては、あなたが想定した以上のことを話してくれて、より充実した面談になる可能性もあります。

　ただ、あなたや組織の期待とは、程遠い希望が話されたときは要注意です。ついつい話をさえぎってしまいたくなるものです。ですが、最初に進め方として"部下が話す→上司が話す"を伝えているなら、すべて話してもらってから、あなたが伝えたいことを話すステップになるわけですから、

焦る必要はありません。

　あなたが相手の話をしっかりと聴けば聴くほど、後で相手もあなたの話をしっかりと聴いてくれるでしょう。

　そのステップなしにお互いの納得のいく目標設定はないのです。ここが上司としての懐の深さの見せどころ、という気持ちで、聴く姿勢を崩さずに、十分に相手の本音を引き出しましょう。

【聴き方のポイント】

- あいづちを打つ、おうむ返し
- うなずく
- 内容に合わせた表情
- 身を乗り出す、視線を合わせるなどの積極的な態度
- （期待と違う話をされても）部下の話をさえぎらない

10 上司の考えを伝える
面談での合意3

　相手の意見や希望が十分に引き出せたら、次は組織やあなたからの期待を伝える番です。最終的には、お互いに納得のいく目標設定の"合意"をしたいのですから、ただ単に思いつくままを伝えるだけではない工夫が必要となります。

【目標設定を合意するポイント】

- 正しく情報が伝わる
- 行動を促せる

　自分の考えを伝えるときには、この2つのポイントを押さえるとよいでしょう。

　相手に「自分は正しく判断した」と感じてもらうためには、正しく情報を伝える必要がありますし、また相手に何かを確実に実行してもらうためには、行動を促せることが重要となります。

　まず、正しく情報が伝わるためには、相手が確実にわかる言葉を使っていることと、相手の理解のペースやスピードに合っていることが必要です。
　相手が確実にわかるためには、経験豊富なあなただけが知っているような言葉や、専門用語を使うことは論外となります。ですが、お互いがよく知っていそうな言葉も、実は誤解のリスクがあるのです。例えば"マーケティング"という言葉はどうでしょう。あなたは、既存顧客から情報を集めて、よりよいサービスを提供することにつなげる活動をマーケティングの主軸と考えているのに、相手は、既存サービスを新規顧客に効率よく情

報発信する活動を、マーケティングと考えているかもしれません。このような誤解をなくすためにも、キーワードに対して、必ず「例えば……」という例示をして、イメージを共有しましょう。

　また、全体の話のペースやスピードですが、あなたがどちらかといえば速いペースを好む場合は、特に注意が必要となります。

　人間の理解のスピードには限界があり、人によって異なります。あなたが相手の理解のスピードを超える速さで情報を伝えたとき、理解されなかった分は、どんどんこぼれ落ちていきます。外国語の勉強をする過程で、映画などで理解を超えるスピードの会話が展開され、情報をこぼれ落としていると感じたことはありませんか？

　したがって、重要で正しく情報が伝わらなければいけない内容のものは、ゆっくりと相手の理解を確認しながら、伝えていくとよいでしょう。

　一方、行動を促すためには、いわゆる"アメとムチ"が王道です。

　「〇〇すると、組織や個人によいことが起きる」というメリットを伝える、あるいは「△△できないと、組織や個人にまずいことが起きる」というリスクを伝える言い方です。

　心理学者のエドワード・L・デシは、「組織にまずいことが起きるから、△△しろ」という言い方は"やらされて／仕方なくやる"モチベーションを誘発し、「個人にとって望ましいことが起きるから、〇〇するとよい」という言い方は"自発的／自律的な"モチベーションを誘発するといっています。

　つまり、言い方一つで、部下を受け身にも、前向きにもするのです。

　部下本人の希望とは異なる目標が期待されたときに「それも自分のためになるな」と感じてもらえる言い方ができれば、目標達成に向けた行動のモチベーションは大きなものになるでしょう。

　最終的に、納得した上で、目標設定の合意が得られ、さらにモチベーション高く目標達成に向けた行動がなされるよう、自分の考えの伝え方を工夫していくとよいでしょう。

11 面談での合意4
"目標"として合意する

　組織の中での目標管理で使われる"目標"には、次の2つの視点が含まれています。

> 【組織の中での目標ー2つの視点】
>
> - 組織の中での個人の"役割の範囲"はどこまでか
> - その役割の中での"期待レベル"はどのくらいか

　あなたの部門での役割の範囲は、あなたとあなたの部下でカバーしていく必要があります。部下が何人かいて、それぞれが「自分はこの役割を担いたい」と主張した結果、部門でカバーしなければいけない役割の範囲に、抜け漏れがあるようでは困ります。9人の野球チームで、ピッチャーとキャッチャー以外の7人全員が内野を守りたい、という主張を通していては、広い球場全体を守れないのと同じです。

　さらに役割の範囲の中での"期待レベル"も重要です。3塁を守る選手が、エラーはしないものの、送球が遅くダブルプレーを望むのは厳しいというレベルでは、甲子園はおろか、県大会を勝ち抜いていくのも難しいでしょう。

　面談での合意は第一段階として、まず場の雰囲気を作り、相手の意見や希望を聞き、組織やあなたの考えや期待を伝えます。第二段階としては"役割の範囲"を合意し、次いで"期待レベル"を合意する、という順で話を進めることになるでしょう。

　ここで、相手の意見や希望と、組織やあなたの考えや期待が、ほぼ一致していて、多少の調整で大丈夫そうなら、目標としての"期待レベル"を

どのように言葉にしていくかということになります。

前述した"SMART"な目標のうちのMeasurable 測定可能なという部分についてです。最終的な目標の達成という観点で重要なのは、その目標が"ある時点での状況・状態"の表現になっているかです。

そうではないものとは、例えば、"手段や行動"の表現です。営業活動であれば、「3カ月で○○件の新規アポイントメントを獲得している」は"ある時点での状況・状態"ですが、「3カ月間で△△件の新規見込み客への電話をかける」は"手段や行動"の表現です。

"手段や行動"の表現は、何をすればよいのかが明確で、本人も"それをがんばればいいんだ"と理解しやすいものです。しかし、そのがんばりが結果を伴わないものであったらどうでしょうか？

【適切な目標】

> - より大きな組織目標の達成に寄与する
> - 目標達成しようとする本人が管理できる

"本人が管理できる"というのは、もし間違った方向に進んでいたら、自分で軌道修正できるということです。前の例でいえば、電話をがんばってかけても、新規アポイントメントが獲得できていないとしたら、電話で話す内容を工夫してみるとか、紹介やメールなど別の方法も検討してみるといった軌道修正を早い段階で気づき、実行するということです。

そのためにも、目標は"ある時点での状況・状態"の表現であることが望ましいのです。ただし新人など、まだ結果を求めるには早すぎる場合や、本人の管理を期待する前に、まずは基本行動を徹底させたいのであれば話は別です。"毎朝、オフィスに出勤したら、大きな声であいさつする"などを目標としてもよいでしょう。

さて、もし相手の意見や希望と、組織やあなたの考えや期待が、大きく

かけ離れていたときには、どのようにすればよいでしょうか？

　主張に相違や対立があったときの調整の仕方としては、とにかくお願いモードで話を進める"ソフト型"と、立場やパワーで強硬に押し切ろうとする"ハード型"に二分されます。

　ここでは、そのどちらでもない方法をお伝えします。それは、テーブルを挟んだ対立をやめて、テーブルの同じ側に座り、一緒に解決のためにどうすればよいのかを、アイデアを出しながら考えるということです。

　このときに重要なのは、主張の相違があるポイントだけを見るのではなく、あなたの組織全体の目標について、もう一度確認しながら、広い視野で個人の役割の範囲を考えるよう促すことです。

　先の野球のポジションでいうなら、目の前の相手が3塁を守るのか、レフトを守るのかということだけを話し合うのではなく、9つのポジション全体を見渡しながら、一緒に誰がどこを守るのが適任なのかを考えていくという具合です。その結果、あなたが考えを改めることもあるかもしれません。

　最終的な組織の目標達成に向けて、目指すべき状況・状態が明らかになり、部下本人にとってモチベーション高く行動していける、そんな目標設定の"合意"を目指しましょう。

　合意する内容が決まったら、面談のクロージングを行ないます。まず、もう一度、目標を確認し、書類の提出方法や期限といった、部下の次の行動を確認します。

　部下のモチベーションを高めるために、目標達成に向けた支援を惜しまないことを約束し、目標が合意できたことへの感謝の言葉を伝えるとよいでしょう。

📖 合意する面談のステップ

場の雰囲気を作る	

❶ オープニング	目的を伝える
	進め方を伝える
	完了条件と、メリットや意義を伝える

▼

❷ エンゲージメント	部下の意見や希望を聞く
	上司の考えを伝える
	役割の範囲・期待レベルを考慮し、目標を合意する

▼

❸ クロージング	"次の行動"を確認する
	目標達成に向けた支援を伝える
	時間をかけて合意を生み出せた感謝を伝える

12 基礎知識3
WBS（作業分割構成）
Work Breakdown Structure

　WBS（Work Breakdown Structure - 作業分割構成）というのは、プロジェクトが完了するまでのすべてのタスクを、構造的に列挙したものです。WBSの基礎となる考え方は、1950年代、アメリカ軍のプロジェクトマネジメントで初めて取り入れられました。また1960年代、NASAが公式のプロジェクトマネジメントのガイドの中で、WBSを定義したことが知られています。その後、アポロ計画など、Goal Orientedな文字通り前人未到のプロジェクトで活用されました。

　日本ではITのプロジェクトマネジメントの手法として、プロジェクト全体を要件定義、設計、開発などいくつかの大きな"工程"に分け、さらにプロジェクトメンバーで役割分担することが可能な"タスク"に分割していくのが一般的です。したがって、ITでのWBSの使われ方としては、すでにエクセルなどでガントチャートのひな型ができていて、あとは日数と、メンバーの割り当てをするだけ、ということが多いようです。

　しかし、もともとは宇宙開発のような、ひな型のない新たなプロジェクトを成功させるために考え出されたコンセプトです。

　NASAの公式ガイドには、WBSに関していくつかの原則が存在しますが、ここでは目標管理にも通じるものをご紹介します。

■ 100%ルール

　簡単にいうと、"漏れなくダブリなく"ということです。ロジカルシンキングではMECEといったりもします。一番細かいタスクの成果を積み上げていくと、ちょうどプロジェクト全体の成果になる、というのが100%という意味で、それが90%だったら、何か漏れがあるわけですし、110%だったらダブリがあるということになります。

■活動ではなく、成果で計画する

　"Work" という言葉が "作業"、つまり、何か "する" という意味で翻訳されることが多いために誤解されやすいのですが、"Work" という英単語は、何か "する" ことと同時に、"なされた後の成果（物）" をも意味します。

　そして、WBS での "Work" は後者、つまり "なされた後の成果（物）" で、表現をしていくことが原則です。残念ながら、WBS の標準的な日本語訳が "作業" 分割構成なので、日本語での WBS の解説の多くが "する" ことの列挙で終わっています。しかし、本来は "なされた後の成果（物）" が定義されていることが重要なのです。

　WBS の作成はよく料理で例えられるのですが、「野菜を切る」という表現が "する" ことで、「3cm 角に切られたジャガイモと人参」という表現が "なされた後の成果（物）" となります。実は日本語では、「ジャガイモと人参を 3cm 角に切る」というように "する" ことと、"なされた後の成果（物）" の両方を一文にしてしまうことがほとんどです。そのため、"する" ことと "なされた後の成果（物）" を切り分けるということが苦手なようです。

　この 2 つは、本書では "目標の分割" として解説しました。

　特に "活動ではなく、成果で計画する" というルールは、目標管理でも重要ですので、文章で表現した "目標" が、何か "する" ことなのか、何が "なされた後の成果（物）" なのかを、チェックしながら考えていくとよいでしょう。

13 モチベーション

基礎知識4

　人を行動に向かわせるモチベーションの研究は古くからなされてきました。人間を含むすべての動物に共通するモチベーションの基本は、サバイバルです。平たい言葉で言うと"食うか"、"食われるか"で、食べ物があればそこに近づいていく（＝接近モチベーション）ですし、身の危険があればそこから遠ざかる（＝回避モチベーション）というわけです。人間の場合は、極限状態でない限りは"食うか"、"食われるか"とはなりませんから、"メリット"に向かう接近モチベーションと、"リスク"を避ける回避モチベーションということになるでしょう。

　欧米の合理的なマネジメントはこれを利用して、仕事の成果に応じた報酬（メリット）と、成果を上げない社員の問答無用の足切り（リスク）で、モチベーションをコントロールしようとしてきました。

　しかし、人によって同じ施策でも、とてもやる気が出る人と、そうでない人がいるということがわかってきて、さらに"人間らしい"モチベーションの研究が進みました。その代表的なものが、ヴィクター・H・ヴルームのVIE理論（期待理論）です。

　VIE理論は誘意性と用具性と期待のかけ算で、モチベーションの大きさが決まるという理論です。

　期待というのは、いわば自分自身への期待のことです。つまり、自分でもがんばればできるようになると感じられるかどうかです。例えば、近ごろのエンジニアは常に新しい技術の習得をしなくてはならない環境にあります。それらの技術について「自分でもがんばれば習得できそうだ」と思えば、モチベーションアップになるでしょう。逆に、「（今の）自分には難しすぎて無理そうだ」と感じてしまえば、モチベーションが上がらないということです。

【VIE 理論】

　用具性は、できるようになりそうなことが、手段（道具）として役に立ち、成果につながりそうと思えるかどうかです。例えば、英語の習得がテーマなら「身につければ仕事の中でいろいろ役に立つ」と感じていたらモチベーションアップに有効です。しかし、「身につけても、（当面）何の役に立つのかわからない」と感じていたら、モチベーションにはつながらないということです。

　最後の誘意性というのは、その役に立った結果が本人にとって十分に魅力的かどうかです。例えば、新たな仕事のやり方によって、確かに「仕事が効率的に進められ、早く帰れるようになる」ということが理解できたとします。そのことが「魅力的だ」と思える人もいますが、「別に早く帰っても……」と魅力的に感じない人もいるわけです。結局のところ、自分自身にとって魅力的かどうかがモチベーションの鍵になるということです。

　特に能力の向上が期待される目標設定時には以下の3点セットで話をしましょう。

- 君ならできる（期待）
- それによって（仕事の）役に立つ（用具性）
- そして、魅力的な結果が待っている（誘意性）

ストーリー　目標設定

新しい期が始まりました。今日は、課の全体ミーティングです。
　前期に新人事制度として始まった目標管理ですが、いろいろとうまくいかず、メンバーに不満が残ってしまったことを、桂さんは反省しています。メンバーの評価をまとめて報告したときにも、こんな適当では困ると部長から注意を受けました。他部門でも同様のことがあったらしく、目標管理を運用するための管理者研修が実施されました。

　「……ということで、うちのチームも、事業部ミッションの『働く人に寄り添うソリューションで、オフィスを豊かに』に沿って、それぞれ目標を考えてほしいと思います。役割はさっき伝えた通り、具体的な目標の表現も、人事の方で用意してくれた研修でいくつか考えてきたから、それも参考にして。何か質問は？」
　研修で考えた上位組織からのミッションのブレークダウンや、メンバーへの役割分担を伝えると、桂さんはメンバーを見回しました。
　「次の新製品のプロジェクト、今期中には終わらないスケジュールなんですが、この場合はどうすればいいですか？」
　藤森さんが発言しました。
　「プロジェクト、いくつかのフェーズに分かれてるよね。それごとの完了条件から目標を考えて。でも、ただ予定通りっていうのじゃなく、途中経過がこれなら、プロジェクトが大成功に終わるというのがいいかな。ほらマラソンとかでも、大会新記録狙うなら、折り返し地点ではこのタイムみたいなの」
　「わかりました。考えてみます」
　桂さんの答えに、なるほどと藤森さんがうなずきました。
　「前期は私もよくわからなくて、みんなに迷惑かけたと思う。今期は全員で全目標達成で、おいしいお酒を飲みに行こう！」
　「いいですね！　ぜひ、桂さんのおごりで」

竹田さんが笑いながら言いました。
「……一度言ってみたい台詞だね……」
「冗談ですよ！」
目に見えて落ち込んでしまった桂さんに、竹田さんが慌てました。
「ありがとう。それじゃあ、気を取り直して……みんな、よろしく‼」
「はい！」

それから1週間後、桂さんは個別に目標設定の面談をしています。
「僕で最後ですよね。はい、これ、藤森先輩が、持ってけって」
藤森さんから聞いてはいたものの、山のようなお菓子に驚きながら、竹田さんは持ってきたコーヒーを置きました。
「これか……」
「おやつを用意してみました。若いんだからどんどん食べて！」
「そういうの、パワハラですよ……」
前期は納得のいかないこともあり、今回の面談にも不安がありましたが、なんだか気が抜けてしまいました。せっかくなので、お菓子を口にします。
「よし、じゃあ始めましょう」
「お願いします」
「今期の目標、しっかり考えてくれてありがとう。フォームには目を通してきているけれど、改めて竹田さんから説明してほしい。私からの期待もあるから、それを聞いてもらって、少し調整するところもあるかも。こんな進め方でいいかな？」
今期は事前に書いた目標に、ちゃんと目を通してくれているようです。
「はい。でも、書いてあるの読み上げるだけだし、桂さんからの期待をお聞きするってとこからでいいですよ」
竹田さんの言葉に、桂さんがニッコリと微笑みました。
「今期の私の目標は『チームみんなの話をよく聞く』だから」
「……なるほど。じゃあ、最初の目標は……」

竹田さんが順を追って説明していきます。一通り説明が終わりました。
「ありがとう。なんでこの目標にしたのかっていう、背景も理解できた。一つ質問してもいい？」
「ええ」
「この山崎さんのOJTなんだけど、『自律』って書いてあるのは、要するに、どういうこと？」
「今期、僕も藤森先輩もますます忙しくなりそうじゃないですか？ギリギリまで自分でなんとかして、どうしようもないところは積極的に頼ってほしい、ってそんなニュアンスです」
　桂さんは、うんうんとうなずきました。
「そうかー。うん、竹田さんの気持ちはわかった。私からの期待を話します」
「はい」
「今期は私だけじゃなく、チーム全体でコミュニケーションを大事にしたいと思ってる。山崎さんの目標となる状態はこれでいいので、竹田さんの働きかけや関わり方も目標に入れてほしい。どうかな？」
「それも定量的な表現にするんですよね？」
「できれば」
　桂さんの要望は理解できました。ですが、定量的な表現にするというのは、なかなか難しいものです。
「うーん、そしたら、毎週1回、1時間を目安に、OJTミーティングを行なう、みたいなのが入ればいいですか？」
「毎週か……。結構大変かもしれないよ」
「目標はチャレンジがあったほうがいいんですよね。まあ、桂さんもそのくらい僕らに関わってくれそうだし……」
「……そうきますか。そうね、私もがんばるか」
　2人は顔を見合わせて、うなずきました。

解　説

　初めての目標管理では、部長から注意を受けたり、部下に不満が残ってしまったことで、桂さんは反省したようです。今回は、目標管理制度を運用するための研修にも参加し、きちんと事前の準備を行っていました。

　まず、上位組織である事業部のミッションから、自部門の目標を理解し、「うちのチームも、事業部ミッションの『働く人に寄り添うソリューションで、オフィスを豊かに』に沿って、それぞれ目標を考えてほしいと思います」という形で、メンバーに伝えています。

　それから、「役割はさっき伝えた通り、具体的な目標の表現も、人事の方で用意してくれた研修でいくつか考えてきたから、それも参考にして」ということで、メンバーの特性も考慮して、役割分担や目標の割り当てを準備してきたようです。その上で、各自が目標を考えるということにしていました。

　藤森さんの目標の立て方についての疑問にも、適切な回答をしています。

　個別の目標設定の面談では、お菓子を用意しておくことで、リラックスして本音を言いやすい雰囲気になっていたようです。
　まず部下が目標を考えてくれたことへの感謝や、面談の進め方を伝えています。
　竹田さんの目標について、上司として部門全体の目標からの期待を伝え、2人で具体的な目標についてアイデアを出し合い、合意することができました。

桂さんは、全体的に部下の考えを否定せず、受け入れるという姿勢で臨んでいたようです。部下の考えが、的外れなものになってしまわないのは、事前準備をきちんと行なったからだといえるでしょう。

3章

部下を
目標達成に導く
日々の支援

1 目標達成のために重要な"予実管理"の基本

　目標管理の目指すところは、より大きな組織目標の達成に寄与し、目標達成しようとする本人が、自分自身で活動や判断を管理できるようにすることです。それでは、そのために上司であるあなたは、どのように日々の支援を行なっていけばよいでしょうか？

　上司であるあなたは、部下だけでは難しい次のような支援を行なうことができます。

【上司としての日々の支援】

- 客観的な状況の把握
- 豊富な経験に基づく、より確度の高い判断
- 上司としての権限を活用した、リソース面での支援

　まず、当事者では見落としがちな状況の把握を、客観的に行なうことができます。通常、より多くの情報を持っているのは本人ですが、その情報を改めて聞き出したり、それらを整理することで、より客観的に状況を把握することができるでしょう。

　次に、得られている情報をもとに、これまでの豊富な経験に基づいて、より目標達成への確度が高い判断ができるでしょう。本人が楽観的すぎる場合、本来は何か手立てを打たなくてはいけないのに、何もなされず、その結果、対応が後手に回る、というのはよくあることです。あなたの早め早めの判断が、目標達成への確度を高めるでしょう。

さらに、その判断の結果、本人と本人が調達できるリソースでは目標達成が難しいとなったときに、上司という立場でリソース面の支援ができます。チーム内の他のメンバーのリソースを割り当てる、他部署への働きかけを行なうなどは、上司ならではの支援でしょう。

　このような支援のために必要なのは"予実管理"です。
　ビジネスの変化がとても速くなった今日、目標管理やPDCAはそのスピードについていけない、時代遅れなものという主張があります。
　確かに例えば半年のスパンで目標を立て、半年後にそのチェックを行なうということであれば、現代のスピード感についていけないでしょう。
　しかし、目標や計画に対してのチェックは"満期"が来ないとできない、という類のものではありません。例えば、半期かけて大きな売上を狙う営業目標があったとして、少なくとも3カ月では、このような状況になければいけない、さらに逆算して最初の1カ月ではここまでできていないといけない、というマイルストーンを置くことができるでしょう。
　そのようなマイルストーン、つまり"予定"と、1カ月目、3カ月目といったタイミングでの実際の状態を比較していけば、順調なのか、遅れているのか、想定外のことが起きているのかなど、早いタイミングで状況を把握でき、必要なら対策を打つ、という判断ができるはずです。

　このように"予定"と"実際"を見比べながら状況把握をし、必要な判断をするのが予実管理の基本です。予実管理を活用し、ビジネスの変化のスピードに対応していきましょう。さらに次項から、そのポイントを詳しく見ていきます。

2　"あるべき状態"と"現状"の差を明確にする

　"予実管理"が日々の支援の基本であることは、すでにご説明しました。そのために期の早い段階で計画をしっかりと立て、"予定"のマイルストーンを定めておくことが非常に大切です。事前に、このタイミングではこの状態になっていなければいけない、と定めておけば、チェックのタイミングも、何をチェックしなければいけないのかも明らかですから、判断も素早くすることができます。

　例えば、多くの店舗を持つ会社で、ある地区の新店舗をつつがなく開店させることが目標の一つだとすれば、その店舗の開店の3カ月前には契約が完了し、2カ月前には内装工事の発注が済み、1カ月前には開店スタッフの目星がついているなどがマイルストーンになるでしょう。

　この例では、さまざまな認可の申請や、広告媒体などの締切など、このタイミングまでにこれが終わっていないと絶対に間に合わない、というものが多く存在します。

　このようなタイプの業務では、それらをタスクリストやWBS（Work Breakdown Structure - 作業分割構成）などを使って計画段階で見える化し、ガントチャートで進捗管理をするというのが一般的です。

　しかし、業種や業務によっては、そのような標準的で綿密な計画を立てにくいということもあるでしょう。つまりマイルストーンとなる"予定"を定めておくのが難しい、という状況です。"予定"がなければ、予実管理はできません。どうしたらよいでしょうか？

　さまざまな業種、業務で適用できる幅広い考え方は「問題とは"あるべき状態"と"現状"の差である」というものです。

　予実管理は、あるタイミングでの"あるべき状態"が、事前に定義され

【あるべき状態と現状の差】

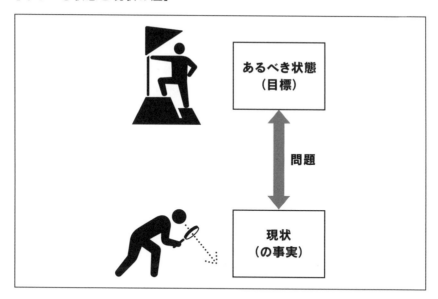

ているものといえます。

「問題とは"あるべき状態"と"現状"の差である」という考え方において、目標管理の期日の状態を"あるべき状態"と捉えると、問題は日に日に小さくなっていくはずです。例えば、営業の売上目標が1,000万円だとして、これはある期日までの総和ですから、最初の月に100万円売り上がれば、その差は900万円に、その次の月に200万円売り上がれば、その差は700万円に、という具合に、小さくなっていきますね。

この場合の上司としての支援のポイントは「残りの期日でその"差"が埋まるのか」という点です。本人だけでは埋めようがない場合は、リソースの投入を検討しなくてはいけませんし、また、そもそも本人が楽観的で「間に合う」と勘違いしている場合は、上司としての判断を示し、追加の策を考えさせたり、一緒に考えるなどの必要があるでしょう。

また、「問題とは"あるべき状態"と"現状"の差である」という考え方

は、予期せぬトラブルなどが起きたときにも役に立ちます。

　例えば、大規模な停電などで生産設備が長時間動かなくなってしまい、生産計画が狂ってしまったなどというときにも、"あるべき状態"を「優先度の高いお客さまが最低限困らない」と定義し、現状の設備の最大稼働を考えることで、上司として納品ロット数の交渉や、納期の延長のお詫びをするなど、具体的なアクションの判断を素早くすることができるでしょう。

　"予定"と"実際"あるいは、"あるべき状態"と"現状"というポイントで、前述したような次の支援を行なっていくとよいでしょう。

【上司としての日々の支援】

- 客観的な状況の把握
- 豊富な経験に基づく、より確度の高い判断
- 上司としての権限を活用した、リソース面での支援

📖 予実管理

あなたが管理している長期にわたる業務について、最終的な締切から逆算して、途中で達成度合いを確認するためのタイミング（日時）とマイルストーン（予定）を決めましょう。

実際にそのタイミング（日時）が来たら、現状はどうなっているか確認してください。もし、マイルストーンと現状の間に差があった場合は、その問題を解決するための方策を考えるということになります。

業務名	

タイミング（日時）	マイルストーン（予定）	現状

3 部下に報告させるポイント

　さて、上司としての支援のポイントは、"予定"と"実際"あるいは、"あるべき状態"と"現状"であるとして、どのように"実際"や"現状"を知ることができるでしょうか？
　最近ではIT技術が進み、部下の目標への進捗をPCやスマートフォン上でリアルタイムに確認ができる、というツールを活用しているかもしれません。しかし、それでもなお、部下からの報告や相談の重要性は変わりません。

　まず、あなたがしなくてはならないのは、客観的な状況の把握です。部下の目標への日々の進捗確認を、上司であるあなたがするメリットの一つが、"部下だけでは状況の判断に誤りや遅れがある"というリスクを軽減させることにあります。その判断の基礎となる情報は、できる限り"事実"であることが望ましいでしょう。なぜなら、そこに部下の解釈が多く含まれてしまっていては、状況の判断を誤ったり、遅れたりするリスクが見落とされてしまう可能性があるからです。
　例えば、部下が「多少の遅れはありますが、2日ほどで挽回できる見込みです」と報告したとしましょう。この情報でも進捗の報告として体をなしていますが、「挽回できる見込み」というのは部下の解釈です。あなたがしっかり判断するなら、何が、どのくらい遅れていて、あとどのくらい残っていて、2日間で遅れを取り戻せるという根拠は何か、などの情報が必要でしょう。そのような情報なしに、上司としてできることは「そうか、がんばってくれ」という、激励の言葉をかけるくらいが関の山です。
　したがって、上司としての日々の支援のために、まず"事実"が必要であることを、常々部下に伝えておくことが大切です。

新入社員など、報告に慣れていない部下の場合は、報告や相談の内容が"事実"だけでなく、本人の解釈や、他の人の意見や、時として苦し紛れの言い訳などが、入り混じってしまうことも珍しくありません。
　よく若手の教育では"事実"と"意見"を分けて伝えることが推奨されますが、上司であるあなたに推奨したいのは、まずは"事実"に絞った報告や相談を求めることです。
　部下の主体性や自主性を伸ばしたり、尊重したりしたい、ということであれば、"事実"を十分に把握してから、「それで、どうしたらいいと思う？」や「この状況をどう考える？」と問いかければよいのです。

　もし、あなたが「報告や相談は必ず"事実"と"意見"の両方を、きちんと分けてから来るように」と、指導したらどうなるでしょうか？
　部下は常に"事実"を整理し、"意見"を考え、それらが入り混じっていないか確認してからでなければ、報告も相談もできなくなってしまいます。
　そのようなロジカルな考え方が苦手だったり、時間がかかって面倒だと感じてしまったりすれば、その分、あなたへの報告や相談が遅れてしまうでしょう。
　上司として必要なのはまず"事実"です。部下が、自分の成長のためにということなら、「"自分の考え"も準備するとなおよい」くらいの距離感で、報告や相談の指導をするとよいでしょう。

4 "報連相"ストッパーになっていませんか？

　目標達成への支援の第一歩は、部下からの報告や相談です。特に"事実"の情報を得ることで、客観的な状況の把握が可能になります。
　できることなら、放っておいても「予定通り」という報告がなされ、上司の助けが必要なもの"だけ"相談として耳に入り、必要最低限の支援を行なえるのが理想的でしょう。
　この理想的な状態がいわゆる"報連相"ができている組織ということになりますが、多くの上司が異口同音に「報連相ができていない」と嘆いているのが実情のようですね。
　ところが、一部の報連相ができている組織の上司に話を聞くと、そもそも部下は報連相したがらないという前提で、報連相したくなるようにするには、どうしたらよいかを考えているとのことです。
　例えば、ちょっと相談しようとすると「ちゃんと情報をまとめてから話しに来い！」と追い返したり、やっと話を聞いてもらえたと思ったら、「〇〇も考えておかないと危ないぞ、そっちはちゃんとやっているのか？」とか「△△の手続きをしておかないといけないから、書類を作ってくれ」とか、その後の仕事と手間が何倍にもなるということが、何度かあったとします。また、何か言われるだろうと感じたら、部下は積極的に"報連相"したくはなくなるでしょう。つまり、より報連相したくない気持ちを後押ししている、いわば"報連相"ストッパーになっているのは、上司の言動かもしれないということなのです。

　ここで「部下なのだから、上司に情報を提供するのも仕事のうち」と考えてしまうのは早計です。もちろん正論ですが、お互いに「仕事のうち」と思っている場合のコミュニケーションでは、仕事に必要と思われる最低

限の情報のやり取りしか行なわれなくなります。

　「まあ、それでも十分ではないか」と思うのは間違いです。なぜなら、上司が考える仕事に必要と思われる最低限の情報と、部下が考える仕事に必要と思われる最低限の情報は、違うからです。しかも、一般的には部下が考える仕事に必要と思われる最低限の情報は、上司が考えているものよりもはるかに少ないものです。

　それでは、逆に報連相したいと思わせる秘訣は何でしょうか？
　より積極的に、多くの情報を提供してもらいたいのであれば、そのメリットを感じさせる必要があるのです。
　例えば、トラブルに関しての情報を具体的に提供すればするほど、建設的な解決策が出てくるなどです。

　まとめると、効果的に"事実"の情報を引き出すためには、"報連相"したくなくなるような言動をやめること、情報を提供することでメリットがあると感じさせることの、両方が重要であるということになります。

【上司の言動と報連相】

あなたは"報連相したくなる上司"ですか？

あなたが、部下から見て、報連相したくなる上司かどうか、チェックしてみましょう。

- ☐ この1週間を振り返ると、9時〜17時のビジネスタイムで10時間以上は自席にいた

- ☐ 自分の予定は、グループウェアなどですべて部下に共有し、その通りに行動している

- ☐ メールなどで部下から報告や相談が来たときには、48時間以内に返信している

- ☐ 部下がまとまりのないわかりにくい報連相をしてきても、問いかけなどで話を整理しながら聞くようにしている

- ☐ 自分にはこのような項目やフレームで報連相するように、とフォーマットやルールを決めて、渡している

- ☐ 形式張らないコミュニケーションも、時には部下の方からしてくる

- ☐ 報告や相談があったら、部下の仕事がより効率的／効果的に進むような支援を必ずしている

- ☐ 支援の後、部下の方からお礼を言ってくることがしばしばある

- ☐ 直近の部下からの相談を振り返ると、半数以上は自分でも請け負う何かを約束した

チェックが多いほど、報連相したくなる上司だといえます。
チェックが少ない方は、項目を実行してみてください。

📖 "報連相"したい／したくない環境や上司の言動の特徴

部下が"報連相"したい／したくない気持ちになる、組織の環境やルール、上司の言動の特徴はどのようなものでしょうか？　例示も参考に整理してみましょう。

	"報連相"したい	"報連相"したくない
組織の環境やルール	（例）席が近い、ITツールが整備されている、コミュニケーションが取りやすい	（例）物理的に離れている、連絡が取りづらい
上司の言動	（例）まずは"事実"を引き出そうとし、頭ごなしに否定しない	（例）少し話を聞いただけで、すぐに「なんで〇〇していないのか」などの指導が入る

5 コーチングで、部下の力と考えを引き出す

　近年、目標達成を支援するための、ビジネスコーチが活躍しています。このコーチは組織内の人物であったり、第三者であったりします。組織内でのビジネスコーチというと、目標達成に対しともに責任を持つ、上司がその役を担うというケースがほとんどです。

　さて、皆さんは"コーチ"と聞いたら、どんな人を思い浮かべるでしょうか？　学校のクラブ活動やプロスポーツの世界だと、コーチは練習メニューを決め、問題がある点、例えばフォームなどについて細かく指摘し、ハイパフォーマンスを出せるよう、常にアドバイスしてくれる人、という感じでしょうか。

　新人が相手なら、ビジネスの世界でもそのようなコーチは必要ですが、一般的にはビジネスの世界でのコーチは、アドバイスをあまりしません。

　なぜなら、ビジネスではアドバイスに値する「これが正解という"型"」が存在しないケースが多く、たとえあったとしても変化が激しい環境の中、それがその瞬間に通用するか、保証できないからです。また、なんでも細かく指導していたら、短期的にはパフォーマンスが上がる可能性もありますが、本人の成長や長期的なモチベーションを考えると、あまり好ましくない、という理由もあります。

　しかし、多くの上司が「上司たるもの、何か気の利いたアドバイスの一つもしないと」という思いを持っています。

　その思いはあなたのプレッシャーとなり、相手がいろいろと話し始める前にアドバイスしてしまったり、問題の所在がはっきりする前に解決策を求めたりして、目標達成に向けて逆効果になってしまうこともあるのです。

　それでは、プロのビジネスコーチはアドバイスもせずに、何をしている

のでしょうか？

　多くの活躍しているビジネスコーチにその秘訣を聞くと、「何もしないで、相手の話を聴いているだけですよ」という答えが返ってきます。

　よくよくその会話を観察していると、実は相手の話を、問いかけをうまく使って"整理しながら"、"それが本人にも理解できるように"聴いているのがポイントのようです。

　まず"聴く"ということが、部下本人の力や自分なりの考えを引き出すポイントであることは間違いありません。

【2種類のコーチ】

ビジネスでのコーチ	クラブ活動・スポーツのコーチ
・能力と考えを引き出す ・変化に対応する ・問う・聴く	・決める・指導する ・正しい答えを持っている ・指摘する・アドバイスする

　あなたも、部下の話をよく聴き、持っている能力と考えを引き出して、部下がどんどん自主的に育っていく、そんなビジネスコーチを目指していきませんか？

6 課題顕在化・問題解決プロセス

　ここまで、目標達成を支援する上司の日々の関わり方について、さまざまな留意点をお伝えしてきました。改めて、目標達成のために対処しなければいけない課題を顕在化し、問題（があった場合）を解決するまでのポイントをプロセスとしてまとめておきましょう。

【課題顕在化】

- （そのタイミングでの／最終的な）あるべき状態を確認する
- 現状の事実について聴く
- 本人の解釈や考えを確認する
- 対処しなければいけない（課題）状態か判断する

　まず、課題の顕在化についてです。
　これは予実管理が基本ですが、詳細の予定がない場合でも、あるべき状態について確認します。部下本人に言ってもらっても、あなたが「あるべき状態としては○○でよかったかな」と口にしてもよいでしょう。
　そして、現状の事実について説明してもらいます。この時点では解釈ができるだけ入ってこないよう、かじ取りが必要かもしれません。
　事実が十分に把握できたら、改めて本人の解釈や考えを確認します。「この状況はどう思う？」と問いかけるのもよいですね。
　最後にあなたが判断します。対処が必要と判断したなら、それは"課題"（問題のうち、対処されるべきもの）ということになります。

【問題解決プロセス】

> 1. より詳細な事実について聴く
> 2. あるべき状態と現状の差＝問題について整理する
> 3. 上記の問題を引き起こしている原因や障害について聴く
> 4. 本人の解釈や考えを確認する
> 5. どのような対処をするか判断する

　課題が特定されたら、解決への道筋を見出す必要があります。問題が引き起こされる原因となった出来事は何か、どんな影響が出ているのかなど、さらに詳細な事実について聴き出しましょう。情報は多ければ多いほど、確度の高い判断には有利といわれます。部下から見て「これは関係ないかな」と思われるものでも、話してもらうよう促すことも必要です。

　ただし、整理されていない情報がたくさんありすぎると、次への考えはまとまらないものです。ホワイトボードを活用し、時系列的に起こっていることを整理してみたり、影響範囲を図で確認してみたりするとよいかもしれません。

　事実が十分に把握できたら、改めて本人の解釈や考えを確認します。「どうすればよいと思う？」「どうしていきたい？」などが具体的な問いかけ方となります。部下の考えも尊重しつつ、あなたが最終判断をします。原因の根本的なところにメスを入れなければダメだ、という考え方もありますが、目標管理の立場からは、まず目標達成に必要なアクションは何かが大切です。もちろん、根本的なことが解決されないと、リスクが放置されたままになる可能性がありますが、それは、目標達成に向けたアクションとは別に、もう一つ別のアクションとして対処していけばよいのです。

　解決策が選択されたら、部下と、上司としてのあなたの"次の行動"を定義しましょう。部下だけにアクションを押しつけるのではなく、あなたも責任を共有する一人として、支援できる行動を取ることで、目標達成により近づくことはいうまでもありません。

7 上司が不在でも機能するチーム

　前項では、上司であるあなたが、部下と一対一で目標達成への支援をするためのプロセスをまとめました。しかし、あなたに10人も20人も部下がいたらどうでしょう？　その全員にあなたしか支援ができないとしたら、あなたの休みはなくなってしまうかもしれませんね。
　ここでは少し視点を変えて、あなたがいなくても、部下同士、先輩後輩などが、チームとして機能し、組織の目標達成に向かっていけるようにするポイントを考えていきましょう。

　あなたが情報なしに判断も支援もできないのと同様、部下同士、先輩後輩の関係の中でも、情報が共有されていなければ、なんの判断も支援もできません。
　理想的なのは、組織の全員が互いに他のメンバーの目標を知っていて、かつ現状の進み具合を日々共有できている状態です。日々といっても、毎日情報共有のための時間を取れないのなら、最低でも毎週1回くらいの頻度で、情報共有のための時間があるとよいでしょう。
　最近は、わざわざ会議室などに集まらなくても、グループウェアなどで情報共有できる仕組みがあるというケースもあるでしょう。
　ただ、その場合でも、他のメンバーの情報を取りに行かないと、情報は共有されないということが多いものです。
　できるだけ対面で、または遠隔でもWeb会議などを利用し、お互いの情報が、お互いの"耳に入る"ようにしておくとよいですね。

　しかし、情報が共有されていれば、自動的に助け合う状態が作れるというわけでもありません。実は、組織のメンバーの振る舞いというのは、上

司の日常の言動に大きく左右されされているのです。

　例えば、せっかく情報共有のためのミーティングを開いても、それぞれの部下からの報告に対して、上司であるあなたが即答して、あたかも一対一の会話を人数分繰り返すような言動を取っていたらどうでしょうか？

　部下はあなたへの報告にはエネルギーをかけるかもしれませんが、他のメンバーが報告している間は、単なる待ちの時間になってしまい、PCなどを持ち込んで顧客へのメールを書いている場合だってあるでしょう。

　ここで、誰かの報告に対して、あなたが他のメンバーを指名して、「○○さんはどう思う？」と意見を求めるようにしていたらどうでしょうか？

　お互い、自然に他のメンバーの状況や、それへの対処に興味を持つようになるでしょう。慣れてきたら、会の進行自体もメンバーに任せてもよいかもしれません。

　ところが、表面的には自主的に進めさせているように見えても、最後の最後で自分の意見で塗り固めてしまう残念な上司もいます。

　そんなことが続くと、部下のほうも「どうせ、最後はちゃぶ台ひっくり返されちゃうんだよなぁ」と考えて、表面上の対話でお茶を濁すようになってしまいます。

　わざわざ時間をかけてまで、リスクを犯すことはありません。多少、自分の考えとは違っても、部下の意見を尊重するくらいの余裕を見せたいものです。

　さらに、あなたが"責任共有"という考え方をメッセージし続けることも重要です。これは、連帯責任のような考え方ではなく、最終的に各自の報酬に関係のないことであっても、組織を一つのチームとして、全員で目標達成に向かっていく責任を持ち合う、というビジョンを伝えることに他なりません。

【責任共有】

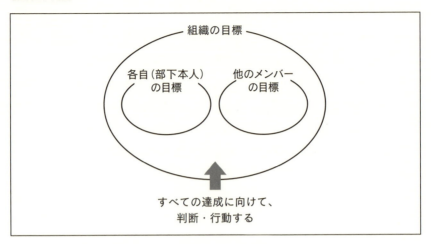

　このような考えが共有できたとき、上司であるあなたなしでも、それぞれのメンバーと、組織の目標の両方が達成される、強いチームになれることでしょう。

📋 チームの自律度合い

あなたのチームは、どの程度自律しているでしょう？ 以下の項目をチェックしてみてください。

【A】
- ☐ 他の人の話を否定せず、傾聴している
- ☐ メンバーがお互いの得意なこと、興味・関心について知っている
- ☐ チームの目標やビジョンを理解している

【B】
- ☐ メンバーの多様性が尊重されている
- ☐ 年齢や立場を超えて、メンバー同士が本音で話せる
- ☐ 自分の役割を理解し、責任を持って取り組んでいる
- ☐ チームの中に共通の行動規範が生まれる
- ☐ ミスや間違いを責めるのではなく、改善の機会と捉える
- ☐ メンバーは、各自の目標達成に集中している
- ☐ チームの目標やビジョンに価値を感じている

【C】
- ☐ チームとしての目標達成に向けたモチベーションが高い
- ☐ チャレンジすることを恐れない
- ☐ 困ったときには助けを求めることができる
- ☐ 自分の役割を超えて、他のメンバーを助けることができる
- ☐ チームへの貢献を、メンバー各自が実感している
- ☐ リーダーの指示がなくても、メンバーは活動できる
- ☐ 成功体験を共有している

チェック数が多い方が、チームの自律度合いが高いといえます。ABCの順で、チームの発達段階（102ページ）が上がっています。AやBのチェックが少ない場合、まずはその項目から取り組むとよいでしょう。

8 基礎知識5
報連相と行動分析学での"好子と嫌子"

　報連相が行なわれる／行なわれない、その心理的な違いを、行動分析学の"好子と嫌子"で考えてみましょう。好子と嫌子というのは、人をその行動に向かわせるもの（好子）と、行動を避けさせるもの（嫌子）です。

　例えば、イライラしたときに、タバコを吸う（行動）と、少し落ち着いた気分になる（結果）とします。その「少し落ち着いた気分になる」ことが望ましく感じられるならばこれは好子で、またタバコを吸うという選択をすることになります。

　この場合、周りの人からの「健康に悪いと言われているし、吸わない方が本人にとってもいいんじゃない」という意見は、あまり関係ありません。その人にとっては、「すぐに落ち着くこと」の方が「そのうち、健康上の問題が出ること」より望ましいと感じられている、ということが行動に影響を及ぼすのです。

　これが、タバコを吸う（行動）と、憧れのあの人から露骨に嫌な顔をされる（結果）となったらどうでしょう？

　その人にとって、「憧れのあの人から嫌な顔をされる」ことは嫌子であり、タバコを吸うという行動を避ける要因になります。

　さらに、「憧れのあの人から嫌な顔をされない」ことの方が、「タバコを吸うことによって落ち着く」ことより望ましいと感じられるならば、タバコを吸うという行動を選択しなくなるでしょう。

　このように、行動を起こしたときに、"その人にとって"望ましい／望ましくない結果が、それからの行動の選択に影響するというのが、行動分析学をもとにした考え方です。

　これを報連相に当てはめてみましょう。報連相をすることで、結果とし

て自分にとってよいことが起きるなら、それは好子になりえます。例えば、ある報告をしたら、「次はこういうやり方をしたら、もっと仕事が効率的に楽になるよ」というようなアドバイスをもらえたとか、相談をしたら上司が積極的に動いてくれて、頭を悩ませていた問題がウソのように解決したといったことが起きたら、どうでしょう。そんな劇的なことが起こらなくても、褒められたとか、感謝の言葉をもらったという、小さなことでもいいかもしれません。このような好子は、次からの積極的な報連相を後押しします。

　逆に、自分にとって結果としてよくないことが起きるなら、それは嫌子になりえます。報告をするたびに、そのときの判断や進め方について「なんでそんなことをしたんだ！」と文句を言われたり、相談をしているのに「自分で考えろ！」と追い返されたり、あるいはアドバイスはもらえるものの「これもしないと、あれもしないと」と仕事が3倍にも4倍にもなったりするのであれば、それは十分嫌子になるでしょう。これでは、だんだんに報連相をしなくなっていくのは目に見えています。

　それでは、メールやグループウェアで報告をしているのに、上司からは何も反応が返ってこないとしたらどうでしょう？
　何も起こらないので、好子に嫌子にもならないと思いますか？　その報告をするのに、部下は1時間かけているかもしれません。ツールが揃っていなかったら、もう就業時間も過ぎているのに直帰しないで会社に戻ってきて書いた、ということもありえますね。これは何も起こらなかったのではなく、結果としてその時間でやりたかった他のことができなかった、という嫌子になってしまうのです。

　そして、最も重要なことは、報連相の好子と嫌子を決めているのは、報連相の後の、上司の言動（反応）であるということです。「いつまで経っても報連相できない」と嘆くその原因は、上司であるあなたにあるのかもしれません。

9 基礎知識6 チームの発達段階

　数々の成果を挙げているチームへのインタビューから、その発達の共通点をブルース・H・タックマンがまとめたのが"チームの発達段階―タックマンモデル"です。
　現在、タックマン自身が改訂して5段階モデルとなっていますが、本書ではよりシンプルでわかりやすい原典の4段階モデルをご紹介します。

【チームの発達段階―タックマンモデル】

1. Forming：形成期
2. Storming：混乱期
3. Norming：統一期
4. Performing：機能期

　Forming：形成期は、チームとして人が集まってから、お互いのことを知り合い、ある程度安心して自分の意見が言えるようになるまでの段階です。
　Storming：混乱期は、それぞれが自分の意見を主張し始め、対立が見られるようになってから、お互いを認め合った結果、合理的な役割分担がなされるまでの段階です。
　Norming：統一期は、役割分担通りにそれぞれが動いている段階です。役割分担を超えるような働きは見られません。
　Performing：機能期は、それぞれの情報が共有され、役割分担を超えた臨機応変な協力が見られる段階です。

チームが発達していくには、このような段階を経るという考え方です。
　例えば、メンバー間での対立があるというのはStorming：混乱期で、次の段階のNorming：統一期に至るまでの通過点であると考えられます。
　逆に言えば、対立を避けた、表面的な対話しかしていない状態はまだForming：形成期で、Performing：機能期にはほど遠い、と考えられるでしょう。

　雨降って地固まるということわざのように、ドラマや映画などでも言い争いの後、メンバーが仲良くなるというのは、典型的なストーリーといえますね。
　本書で紹介した責任共有の考え方は、Performing：機能期のチームで見られるものです。
　今のあなたのチームの状態がどの段階なのか、メンバーの動きを観察してみるとよいでしょう。

ストーリー　日々の支援

　今日は定例ミーティングの日です。桂さんは地方に出張しており、Webミーティングで行なうことになりました。こちらはメンバー全員が会議室に集まっています。
　「聞こえる〜？」
　画面の中で桂さんが手を振っています。山崎さんが物珍しげに、カメラに向かって手を振り返しました。
　「お疲れさまです。今回のトラブルシューティング、大変そうですね。別に定例ミーティング、わざわざWebでやらなくても……」
　藤森さんが言いました。
　「まぁ、まぁ。こっちもみんなの顔が見られると安心するから」
　「忙しいの桂さんだし、桂さんがよければ、いいですが」
　「さてと、例のビッグプロジェクト、進捗報告によると遅れているようだけど？」
　早速、桂さんが話を進めました。
　「ええ、なんでもAIを組み込むとかで、人の声の処理が難しいんですよ。こっちもマイクの置き場とか、音の導き方で、かなり音質に影響が出ちゃうみたいで、試行錯誤です」
　担当している藤森さんも、この件については手こずっているようです。
　「でも、次のフェアには発表するって決まってるんだよね」
　「ええ……」
　フェアというのは、お客さまを集めて、新しい商品やサービスなどをお披露目する場なので、日にちを変えることはできません。
　「その試行錯誤ってのを、詳しく聞かせて。どんなプロセスなのかな」
　「こちらが本体を設計して、模型を作ってもらって、電気系統を組み込んで、そこで初めてAIにデータが渡せるんです。今までだった

ら、強度計算と見た目のデザインだけの話だったので、3Dモデリングの画面チェックでOKだったんですが、今回は作ってみないとわからないことがあって」
　いつもとは、かなり違う開発プロセスを踏んでいるようです。
「それ、誰が『作って』るのかな？」
「毎回、製造部にお願いしてます」
「すぐできるの？」
「手が空いていれば……なので、待たされることもありますね」
「そうか。これ、プロジェクトのガントチャートを見ると2週間遅れみたいだけど、ボトルネックは本体の試作だね？」
「ええ、製造部の人もプロジェクトメンバーに入っていたら、話が早かったんですけど、ちょっと想定外で」
　製造部も協力してくれてはいるのですが、そんなに余裕があるわけではないからと、釘を刺されてしまっています。
「わかった。リソース投入できるようかけ合ってみる」
「今からですか？　製造部だって手一杯みたいですよ」
「人じゃなくて、3Dプリンター。ちょっと部長に説明してみるから。それで挽回できそう？」
　桂さんのアイデアに、藤森さんはちょっと考え込みました。
「なるほど、3Dプリンターなら24時間でも働いてもらえるから、一気に複数でも作れるか。……いけるかも！」
「今日中には答えが出せるようにする。うちの事業部の未来がかかったプロジェクトだからね！」
「ありがとうございます」
　桂さんの頼もしい言葉に、藤森さんは頭を下げました。

・・・・・・・・・・・・・・・・・・・・・・・・・・・・・・・・・・・・

解　説

　今回は部門の定例ミーティングの場面を通じて、目標達成に向けた日々の活動を上司としてどう支援していくかについて、見ていきましょう。

　桂さんは、進捗報告で遅れているビッグプロジェクトについて、あるべき状態と現状を、担当の藤森さんに質問しています。
　こうした場面で、上司と部下の関係性が悪かったら、部下は「あまり大きな問題ではない」という報告をするかもしれませんし、「他部署の対応が悪いので、自分は悪くない」と言うかもしれません。
　ここでは藤森さんはしっかりと現状や自分の考えを述べています。

　桂さんは、障害を取り除くための対処として、3Dプリンターを使うというアイデアを出し、部長にかけ合うことを約束しています。
　上司にとってはそれほど難しくない問題であっても、部下にとっては難しい問題であるということは多いものです。しかし、常に上司が代わりに解決していたのでは、部下は成長できません。
　今回はスケジュールに大きな遅れが出ており、また今までとは違うプロセスの仕事で、藤森さんにとって想定外の状態になっていました。
　桂さんは、すぐに解決策を与えるのではなく、「それ、誰が『作って』るのかな？」という質問をしています。藤森さんは、自分の中の「模型は製造部の人が作る」という固定観念に、気がついたのではないでしょうか。

　「うちの事業部の未来がかかったプロジェクトだ」ということも言っていますが、日々の仕事が価値のあるものだと伝えることも、部下のモチベーションにつながるでしょう。

4章

誰もが納得できる評価

1 客観的な評価は、"次の期"の目標達成のため

　この章からは、1つの期が終わったタイミングでの評価とフィードバックについて解説します。所属する組織の制度によって、評価は上司が決めたものを一方的に言い渡す、という場合もあるでしょう。また上司と部下本人がそれぞれ評価をし、面談ですり合わせるという場合もあるでしょう。本書では、直属の上司が事前に部下の1次評価を行ない、部下との面談でその合意を得て、その評価を2次評価者に渡し、2次評価の段階で部署間調整が行なわれて最終評価が決定する、というプロセスを想定して進めます。

　このとき、実際はお互いの評価のすり合わせの際に、上司の見立てとしてのフィードバックが行なわれ、その内容も含め、部下と評価の合意形成を行なっていくということになります。本書では、さまざまな制度に適用しやすいよう、評価とフィードバックの章を分けて説明していきます。

　さて、目標管理とは、より大きな組織目標の達成に寄与し、目標達成しようとする本人が、自分自身で活動や判断を管理できることを目指してのものであるとしたときに、評価はどのような意味を持つのでしょうか？　もう1つの期が終わってしまっているわけですから、時間を戻してその目標達成に向かう、ということはできません。

　しかし、多くの物事がそうであるように、ある期の終わりは次の期の始まりでもあります。もうお気づきのように、目標管理での評価というのは、次の期の目標達成のためにあるのです。

　目標管理制度を人事制度の根幹に置く場合、この評価は給与と結びつきます。このことについてドラッカーは「賃金に見合った働き」（つまり「働

きに見合った賃金」）というのはスローガンとしては正しいが、その運用はとても難しいと述べています。

　作れば作るほど売れるということがわかっている工場での労働なら、約束した量を生産する働きには、約束された売上が見込め、それゆえ、それに見合った賃金を支払うことができます。しかし、ビジネスが複雑化し、しかも変化が激しい今日、期の初めに設定した目標を個人が達成しても、それがより大きな組織目標の達成に寄与するとは限らないのが現実です。

　例えば、生産技術の担当者が、生産効率が今までの２倍となる生産技術を完成させたとします。しかし、市場にすでにその商品があふれ、多く作ったからといって多くは売れない状況になってしまった、ということもあるでしょう。利益が確保できていないのに、支払う賃金額だけが膨らんでしまったら、組織全体としては大きな赤字となり、キャッシュが底をついてしまうかもしれません。

　だからといって、「儲かっていないのだから、ガマンしてくれ」とだけ一方的に伝え、目標達成したのにもかかわらず、約束の賃金が支払われなかったらどうでしょう。「目標達成のためにがんばってもムダだな」と思われても仕方ありません。今の時代、即転職ということもありえるでしょう。こうしたジレンマはどこの組織でも抱えています。

　したがって、最終的な評価に関しては、"次の期"の目標達成につながるよう、次のポイントのバランスを考慮する必要があるでしょう。

【最終的な評価のポイント】

- 設定された目標に対しての達成度合い
- より大きな組織目標達成への寄与度合い
- 評価される本人のモチベーション

2 納得できる評価のポイントは"目標設定"と"観察"

　目標管理における評価では、まずそもそもの目標に対しての達成度を評価するのが原則であり、基本です。営業での売上目標などは、非常にデジタルで解釈の余地がなく、より大きな組織目標への寄与度合いも明確です。しかし、間接部門など、一般的に目標設定も、評価も難しいといわれる職種もあります。その"難しい"ポイントをひもといてみると、まず上司として評価を決める難しさと、さらにその評価が本人の認識と異なるときに合意を得る難しさの、2つに行き着きます。

　1つ目の上司としての評価を決めるというところから、考えていきましょう。

　目標が期の終わりの状態の表現である場合、実際にその状態になっているのか、到達度はどのくらいかを考えていくことになります。営業の売上目標などは、この"期の終わりの状態の表現"であると言えます。その他、生産部門での歩留まり、技術部門での特許申請の数、サービス部門のクレーム数なども、合計して期の終わりの状態で考えることができます。

　また、能力目標も、期の終わりの状態で考えるというのがわかりやすいでしょう。例えば、保守部門で、ある機種の保守の技術をマスターするということが目標なら、期の終わりの時点で、その機種の保守技術がマスターできているかが、評価の焦点になるでしょう。

　一方、経理や顧客サービスなど、毎月ルーチンで同じような業務がある、ということなら、毎月のその仕事ぶりが評価の焦点となります。ただし、そのような部門でも、例えば作業効率の向上を目標とした場合は、期の最後の時点での作業効率が、評価の焦点となります。

　このとき、目標が他の解釈の余地のない表現でなされていれば、評価は

難しくありません。例えば、ある機種の保守の技術をマスターするということを目標とした場合の表現が「〇〇機種の月平均の保守時間を△分で行なう」となっていれば、作業ログなどからデータを見て、達成度を判断するのも容易でしょう。

しかし、目標が単に「〇〇機種の保守技術をマスターする」となっていたらどうでしょうか？ 時間がかかっていてもマスターしたといえるのか、一人前と呼べるようなスピードでないとマスターしたとはいえないのか、非常にあいまいですね。

また、能力目標において、例えば「NDA（秘密保持契約）についての理解を深める」となっていて、部下が「NDA（秘密保持契約）について、法律家のブログを読みましたから、この目標は達成していると思います」などと言ってきたときはどうでしょうか？

残念ながら、このように期の終わりになって「この目標の表現だと判断に迷う・解釈に幅が出てしまう」と気がついても手遅れなのです。したがって、目標設定の時点で、評価の判断に迷うような表現や、解釈の違いで評価が大きく変わってしまう表現になっていないかを、チェックしておく必要があります。

次に2つ目の部下の合意を得るということについて、考えてみましょう。

目標を設定するときに、いくら後で解釈の幅が出ないようにと思っても、あいまいさを完璧に排除することはなかなか難しいかもしれません。この場合、あなたの評価を受け入れてもらうポイントは、合理的な面と心情的な面との2つがあります。

合理的な面というのは、「〇〇という事実があった、だから△△である」というロジカルな説明です。当然のことながら、"事実"と呼べる証拠—エビデンスが必要です。しかし、それが本人からすると"そのとき、たまたま"の出来事だったらどうでしょう。「いつもは見ていないくせに、こんなときばかり」と不満を募らせてしまうかもしれません。いずれにしても、そのような事実がなければ、ロジカルな説明は成り立ちませんから、目標

達成に向けての日々の観察が重要です。

 ただ、日々チェックしているものの、最後の評価のときだけそれを持ち出して指摘される、ということだと「確かに納得せざるをえないけど、早く言ってくれれば改善できたのに。この上司は信頼できないな」と心情的にネガティブになってしまうでしょう。

 したがって、その観察の結果は、本人に日々伝えつつ、問題があったときには目標達成に向けた支援をしていくことも大切です。

【納得できる評価のポイント】

> ・評価を決める―あいまいな表現を極力排した目標設定
> ・納得を得る―日々の観察と、それによる目標達成への支援

 この2つのポイントを押さえずに評価のタイミングになってしまっては、手遅れだと心得ましょう。

部下が納得できる評価をしていますか？

あなたの評価は、部下から見て納得できるものになっているでしょうか？
以下の項目をチェックしてみてください。

- [ ] 部下との信頼関係ができている
- [ ] 部下を平等に扱っている
- [ ] 設定した目標は、あいまいな表現がなく、達成度が評価しやすい
- [ ] 部下の日々の活動を、しっかり観察している
- [ ] 部下が日々の活動の中で困ったときには、適切な支援をしている
- [ ] 評価には、事実に基づいた理由がある
- [ ] 評価の際には、事実に基づいた理由も一緒に伝えている
- [ ] 評価の際には、感情的にならず、論理的に伝えている
- [ ] 評価の際には、部下の感情をきちんと受け止めている
- [ ] 感謝の気持ちを伝えている
- [ ] 次の目標達成への支援を約束する

チェックが多いほど、部下との認識が一致しない低い評価をしなければならないときでも、部下の納得が得られやすいでしょう。
このように、部下があなたの評価に納得できるかどうかは、評価・フィードバック面談のときだけで決まるものではありません。日々の業務の中での人間関係や、観察、支援なども大切な要素です。

3 たくさんある評価の落とし穴

あいまいさを極力排した目標設定をし、また日々の観察も、それに基づく支援も欠かさずに行なったとしましょう。それでもなお、評価にはエラーが起きてしまうことはあるのです。ここでは、いくつかの代表的な落とし穴について挙げておきましょう。

■寛大化傾向、厳格化傾向、中心化傾向

目標は100%達成が基準です。しかし、99%だったらどうでしょう？ 人事制度上5段階で3段階目が100%だとしたら、99%達成というのは3段階目にしたいでしょうか？ 厳しく2段階目と判断するでしょうか？ それでは、95%だったらどうでしょう？

寛大化傾向というのは、要するに"甘め"に評価してしまう、ということです。逆に厳格化傾向というのは、実質的に"辛め"に評価してしまう、ということになります。もう一つの中心化傾向というのは、部下が数名いたときに、あまり差がつかないように、中庸な評価に寄せてしまう傾向です。

上司として一貫性があれば、あなたの部下からだけの視点では、公平性が保たれているように見えるでしょう。しかし、少し大きな組織になれば、どの部下にも"隣の部署の同期"がいたりするものです。上司によって当たり／外れがあるように思われては、モチベーションの観点でも問題が生じることでしょう。

■ハロー効果

ハロー（halo）というのは、宗教画などで描かれる後光のことです。評価のエラーの一つとして、エドワード・ソーンダイクが名づけました。本

来、無関係なものであっても、目立つ特徴や結果があると、評価がそれに影響されてしまうことを指します。親の七光りも、その一例です。

目標管理の場合は、1つの目標が大変よい結果であったときに、その他の目標も寛大な評価になってしまったり、目標に関係ないことなのに、仕事上で目立ったミスがあったときに、全体に厳しめの評価になってしまうことがこのエラーの例です。さらに、もともと"あいつはデキるやつだから"、"あいつはダメなやつだから"などの先入観があると、ハロー効果はさらに大きいものになってしまいます。

■対比誤差

目標管理の評価は、設定された"目標"に対してのみ行なわれるのが基本です。そこに"自分と比べて"とか"他の部下と比べて"などの他の要素と比較することで起こる評価のエラーです。

例えば、先輩の支援を受けて、自分の目標を大きく上回る結果を出した後輩がいたとします。しかし、その先輩自身は全く目標達成に届かなかった場合、先輩と後輩をそれぞれどう評価しますか？ また、年功序列の社風の中で若手が活躍したときは、どうですか？ 本来、これらは評価と無関係であるべきです。

また、評価で差をつけるのに慣れていない場合は、中心化傾向として表われる場合もあります。

■バイアスの盲目

最も気をつけたいのは、「あの上司は評価に問題があるが、自分は大丈夫。私は偏見が少なく、公平な判断ができている」と信じ込んでいないか、ということです。自分だけ、バイアスから免れた特別な存在ということはありえません。

まずは、自分の傾向について振り返ってみましょう。同じケースでどのような評価をするのか、他の人と比べるのも自分を客観視できる方法です。

4 評価を部下と合意するまでのプロセス

　ここまで、上司であるあなたが、部下の1次評価を行なうためのポイントを解説してきました。目標管理はそもそも"Self-Control"が基本だとすれば、評価もまた自己管理することが望ましいといえます。
　目標設定も適切かつ、あいまいさがなく、日々の観察と情報共有をした上で行なう理想的な評価とは、部下本人の評価とあなたの評価が、完全に一致することです。単に評価そのものだけでなく、評価した理由となる"事実"の部分まで一致していれば、わざわざ合意のためのプロセスを経る必要はありません。
　しかし、現実的には、すべての"事実"を事前に上司が知ることはできません。また、部下本人の評価も寛大化傾向、厳格化傾向、中心化傾向などのエラーをはらんでいるでしょうから、お互いの認識にずれが生じるのが当然と考えてよいでしょう。ここでは、面談によって1次評価の合意を得るまでのプロセスを概説します。

　事前の準備としては、あなたが評価をするのと同じように、部下自身に評価を考えておくように伝え、面談の場で評価とその理由を説明してもらえるよう指示しておきます。また、実際の面談の場所や時間も、考慮しておきましょう。評価に関わる内容になりますから、オープンスペースではなく、会議室が望ましいでしょう。また、認識の違いがあったときに備え、お互いの見ている"事実"を出し合い、じっくり話し合えるだけの時間を取っておくのがよいでしょう。

　さて、具体的な面談のプロセスを、オープニング、エンゲージメント、クロージングの3つのステップに分けて見ていきます。

【評価を伝える面談のプロセス】

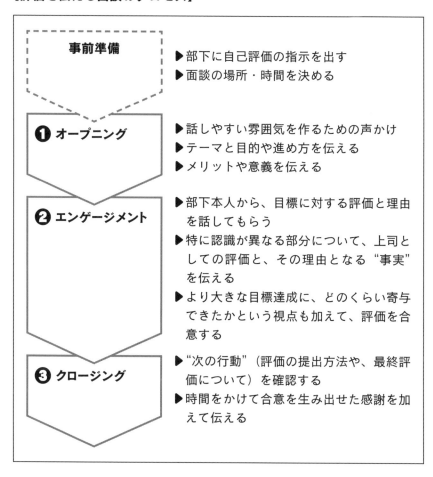

　オープニングでは、話しやすい雰囲気を作るための声かけをしましょう。王道は部下のがんばりについて、肯定的なコメントです。

　「今期はずいぶんがんばってくれたね」でもいいですが、より具体的な事実を踏まえ「○○の件でのあの対応のおかげで、みんな助かったよ」と付け加えたり、さらに「△△さんが□□って褒めてたよ」という第三者の声を伝えたりするのもよいでしょう。

　オープニングのステップは、テーマと目的を伝えること、そしてそのメ

リットや意義を伝えることの2つがポイントです。テーマと目的は、部下の1次評価を納得がいくように合意することで、来期につなげていくことです。さらに「この期のがんばりを、きちんとした結果として会社にアピールできる機会」などと表現することで、より部下本人にメリットとして感じてもらいやすくするとよいでしょう。

　合意する面談の核となる部分、エンゲージメントのステップでは、お互いの情報を出し合います。評価の合意が目的ですから、上司であるあなたが話した後は、部下側から大きくかけ離れた意見は出しにくいかもしれません。したがって、まず部下本人から、それぞれの目標についての評価と、その理由を話してもらいましょう。

　このとき、たとえあなたの認識と異なる内容であっても、話をさえぎってはいけません。あなたの部下は「そのように事実を認識したのだ」と受け止めましょう。

　十分に部下の話を聴いたら、あなたが話す順番となります。特に認識が異なった部分について、あなたから見た評価の理由となる"事実"と、評価を伝えます。合意の基本は、まず、どんな"事実"をもとにして評価を考えるかです。ここに合意できたら、解釈の幅はだいぶ小さくなっているはずです。さらに、より大きな目標達成にどのくらい寄与できたかという視点も加えて、評価を合意していきましょう。

　クロージングはお互いの"次の行動"の確認です。目標管理制度の中では、提出用のフォームをどのように清書していくのかなどです。また、最終評価としては部門間調整などが入ることを伝えつつ、「上司としてできる限り合意のもとになった"事実"がちゃんと理解されるように努める」と約束すれば、頼もしい上司として映ることでしょう。さらに合意を得るために時間がかかったのなら、時間をかけて合意を生み出せた感謝を伝えるのもよいでしょう。

　これにより、「話し合えてよかった」という部下の気持ちを引き出し、「次回からも、協力的な姿勢で臨もう」という考えを促すことができます。

📖 部下との合意・当たり前の事実

あなたの部下の目標を1つ取り上げ、あなたの評価を整理しましょう
（最終的には部下全員のすべての目標について、それぞれ整理します）。

目標	
事実に基づく情報	
上司評価	

目標達成のためには、当たり前と思われる行動も、評価に値します。
部下の行動を振り返り、どのような事実があったのかを書き出し、目標との関連を整理してみましょう。問題なく仕事が進んでいるときでも、日々メモしておくと、フィードバックに役立つでしょう。

いつ・どんなとき	部下の行動	関連する目標

5 評価の部門内確認／部門間調整

　すべての部下と１次評価の合意ができたら、２次評価のためにそれらを提出し、さらに部門間調整が入って最終評価となるのが、標準的な目標管理制度の流れです。後は機械的に情報を伝達するだけでも事足りるわけですが、目標管理を目標達成へのさらに有効な武器とするためにも、評価の部門内確認・部門間調整の考え方を押さえておきましょう。

　まず、評価の部門内確認ですが、すべての部下の評価を、一覧でもう一度確認をしてみましょう。"バイアスの盲目"という評価エラーについて紹介しましたが、一覧で確認することで見落としてしまった部分も見えてくるかもしれません。

　ここでの確認は、"対比"して"調整"することが目的ではありません。それではわざわざ"対比誤差"を作り出してしまうことになってしまいますね。結果として、寛大化傾向、厳格化傾向、中心化傾向など、極端な傾向になってしまっていないか、ハロー効果が見られないか、などをチェックしておきましょう。

　もし、看過できない問題があった場合、２次評価のための提出前に、もう一度本人と話し合いましょう。ただし、その場合の話の進め方として、誰かとの比較で話すのはご法度です。あくまで、本人の仕事ぶりに対しての"事実"とその解釈について、「寛大すぎた」「厳格すぎた」などを理由として、見直しを申し出ましょう。

　さて、極力エラーを排したつもりで出した１次評価であっても、上司同士の認知のずれは生じますから、部門間調整が入ることは常です。この部門間調整は、２次評価者に完全に委ねられる場合もあれば、１次評価者も加

わって調整作業に入る場合もあるでしょう。

　上司同士の認知のずれを小さくするために、同じ情報のケースをもとに、それぞれが評価をしてみて、それらを共有するという練習をするとよいかもしれません。本書の6章は、このような目線合わせの練習にも活用できます。そのような機会はできることなら、1次評価の前にあるとより効果的です。

　また、部門間調整が1次評価者も交えてということなら、例えば最初の15分はお互いの評価を隠し、評価の理由となる"事実"の情報だけを交換して、互いの部下を評価してみるというのも有効です。

　2次評価者に完全に委ねられる場合、より現場から遠い場所で評価がなされることになるので、ハロー効果が起きやすくなります。

　もちろん2次評価者としての原則は、提出された情報、特に"事実"にまつわる部分を理由として、評価を行なうことにあります。しかし、さらに政治的理由なども加味されることを1次評価者は知っているとよいでしょう。

　それでもなお、できるだけ部下のがんばりを認めてもらえるよう、あなたの評価が"事実"に基づくものであることを、2次評価者に重々伝えておくことを忘れないようにしたいものです。

6 あなたの評価が決まる！評価結果の上への報告

　日本では、指導者は常に評価する側で、指導者が評価されるという感覚は希薄です。しかし、スポーツの世界では、選手がよい結果を残せば指導者の功績となりますし、結果が出なければ即解任ということもありえます。また、欧米では大学や高校において、生徒が先生を評価するシステムが当たり前のように導入されています。

　ビジネスの世界では、部下の評価は、それが明文化されていてもいなくても、そのまま上司であるあなたの評価です。
　業績という観点では、あなたの組織を取り巻くビジネス環境の中、部下や他部署のリソースを活用して、実績を残していくことが上司として求められています。また、成長という観点でも、部下の能力を向上させることは、未来の業績につながる重要な上司の役割です。
　だからといって、自分の部下の評価を甘めに、つまり寛大につけるというのは、本末転倒です。
　目標管理の評価においては、"事実"をベースに部下のがんばりを、周りが正しく理解できるように数値化していくもの。それが可能な限りロジカルで公平に行なえるかどうかは、上司としての能力を反映しているといえるからです。
　また、PDCAの観点でも、うまくいったところは、そのプロセスも含めて理解し、まだ至らなかったところは、その原因や障害はなんだったかも含め理解しておくとよいでしょう。それが次の期の糧になるわけですから、結果だけ見て"よくできた"としてしまうのは望ましくないことです。

　ですから、1次評価は部下との面談の後、フォームに結果を書くだけと

考えないでください。

　それぞれの目標に対して、どのような"事実"について、どのような解釈や話し合いが行なわれ、結果として、その評価になったのかを、しっかりと書いておきたいものです。

　そのようにしておけば、2次評価の段階で先述したような部門間調整が入ったときにも、部下の評価がさまざまなエラーの影響を受けにくくなります。

　部下の人数が多い場合、面談だけで相当の時間がかかったのに、まだやることがあるのかと思われるかもしれません。ですが、面談で相当の時間をかけたからこそ、その時間をムダにしないためにも、それらをきちんと言葉で残しておくことが肝要です。

基礎知識7
「納得」の要素

　納得する／しないというのは、どのような心理が働いているからだと思いますか？　納得するためには2つの要素があると考えられています。それは合理的な要素と、感情的な要素です。

　合理的な要素は、論理で解決できます。「このような事実があって、こう考えると、この結論になる。確かに誰が聞いても納得だね」というようにです。

　一方、少し厄介なのは感情的要素です。感情的というのは、単純化すると、好ましいか／好ましくない（嫌い）か、ということです。実は、この好ましいか／好ましくない（嫌い）かというのは、動物的な恐れに根づいているといわれています。
　恐れがなく安心していられる状態は、好ましいという感情を引き出し、（敵を認知して）恐れがあって安心できない状態は、好ましくない（嫌い）という感情を引き出します。
　いつも笑顔な人が、誰からも好かれやすいのは、恐れがなく安心できそうだからです。

【好ましい／好ましくない】

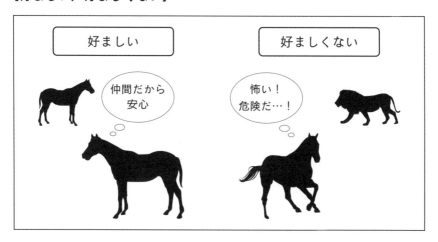

　例えば、交渉などで、相手に多少不利な条件で納得してもらおうとするときには、合理的な前例などの客観的基準とともに、それによって、それほど悪いことが起きるわけではない、という安心材料を提供するというのが常套手段です。

　例えば、プロジェクトの利益額が、残念ながら目標に少し届かなかったプロジェクトリーダーがいたとします。合理的な要素として、「他のプロジェクトでも同様に厳しく評価している」ことを伝えます。そして、感情的な要素、つまり安心材料として「来期のプロジェクトでは、進捗確認のときに利益率についても確認し、上司として支援したい」などと伝えるとよいでしょう。

　このように、合理的な説明と安心材料で、部下からの納得を引き出していきましょう。

5章

部下の成長を促すフィードバック

1 フィードバック面談とは

　本書では、部下の評価が定まり、それを部下に伝えるまでに2回の面談を想定しています。1回目は部下との合意を得るための面談、そして2回目は2次評価を経て、最終的な評価を伝える面談です。制度によってはどちらかしかない場合があるかもしれません。この章では、あなたや組織としての認識を伝える"フィードバック"の機会があるとして、そのポイントを解説していきます。

　さて、このフィードバックですが、そもそも何のために行なうのでしょうか？　コーチングなどと同様、ビジネスシーンで当たり前のように使われるようになりましたが、もともとは機械工学の言葉です。現在研究が進んでいるAIなどでもそうですが、機械に対して、過去あるいは直前の（その機械が行なった／経験した）データと照らし合わせながら、「こちらに進め」という未来へのメッセージを伝えるのがフィードバックなのです。

　目標管理でのフィードバックも同じです。話される内容は過去の"事実"に基づくものですが、本来それらは未来に向けたものです。一般的なビジネスなら、次の期に部下がさらによりよい成果を生み出せるように導く、ということになるでしょう。

　それは、すなわち部下の成長を支援するということに他なりません。この観点では、単に"正しく情報を伝える"だけでは不十分です。さらに次の期での望ましい"行動を促す"ものである必要があるでしょう。なぜなら目標は常に行動によって達成され、またそのことによって部下は成長していくからです。つまり部下の成長を促すフィードバックのポイントは、次の2点ということになります。

【部下の成長を促すフィードバック】

- 正しく情報を伝える
- 行動を促す

　まず、部下は当初の目標に向かって、"Self-Control"、つまり自ら管理をしながら実行していきます。その中で、少しずつ難易度の高い課題に取り組み、目標を達成します。ここで効果的なフィードバックを行なうことで、部下に成長の自覚を促すことができます。この成長実感によって、モチベーションが高まり、次の期の目標達成に向けた行動が加速されるのです。さらなる高い目標へと挑戦することもできるでしょう。こうしたサイクルを回していくことで、部下はより早く成長していくのです。

【成長実感は目標達成と成長のエンジン】

　次からはこのサイクルを回していくための、フィードバックの具体的なポイントを一つひとつ見ていきます。

2 部下は結果だけでなく、あなたも見ている

　部下の成長を促すフィードバックのポイントのうち、"正しく情報を伝える"について見ていきましょう。
　"正しく"といっても、評価には多くのエラーがつきものですし、また人の言動というのは日によって変わるため、どの瞬間をもって評価するかで、その結果も変わってしまいます。
　したがって、唯一無二の正しさがある、というよりは正しくあろうとすることが大切です。
　4章でも述べましたが、そのベースとなるのは、期中に起きた出来事の"事実"です。そして、評価を伝えるときに、評価結果だけではなく、その理由となる"事実"を伝えることは、単に合理的な納得を得るだけに留まらない意味を持ちます。それは、あなたが部下の"事実"を「しっかりと見ていた人である」ということが、部下本人に伝わるという面です。
　例えば設計部門で、ある特定のカスタマイズの設計をマスターし、顧客の満足のいく品質のものを生み出すということが、目標の一つになっていたとします。
　このとき、単にカスタマイズ案件のある／なしだけ確認し、本人に「マスターできたか？」と聞くのではなく、「○○社での案件の設計は、十分にお客さまの満足が得られたし、カスタマイズの設計はマスターしたと思う」としっかりと"事実"ベースで評価を伝えれば、「ちゃんと自分のことを見てくれる上司だなぁ」と部下は感じるでしょう。
　目標管理は"Self-Control"が基本であるからと言って、本人の評価を追認するだけの面談で終わってしまっては、ただの放任で「部下のことより、組織の結果しか興味がない人」と思われかねません。

目標が数字で明確に表され、それ以上の"事実"のやり取りの必要がないものである場合、評価はたやすいでしょう。しかし、面談では逆に注意が必要となります。
　例えば、営業で売上目標だけがあり、それらは顧客への請求ベースで、しかもシステムで管理されているといったケースでは評価は明確です。
　もし、面談がその数字の確認だけで終わってしまったら、「別に評価が変わるわけでもないし、上司との面談なんかは必要ないなぁ」と感じられてしまうでしょう。
　そんなときでも「△△社のコンペでは、プレゼンの資料がわかりやすかった。あれが決め手になったな」とか「競合対策が足りなくて、□□社の案件を落としたのは痛かったな」など、結果をもたらしたプロセスの"事実"について会話をすることができるはずです。

　あなたが"部下をどのように見ていたか"が伝わるということは、実はそれをもって、部下が"あなたを評価する"ということに他なりません。
　本当に部下のことはどうでもよいと思っていて、そのように部下から評価されるのであれば、仕方ありません。しかし、説明が足りないせいで「この人は、自分のことはあまり見ていてくれてなかったんだな」と誤解されてしまってはもったいないことです。そのような誤解の中で、部下の自己評価と、上司によって決定された評価に乖離があった場合、部下が不満を募らせる原因の一つとなってしまうリスクがあります。
　"事実"をベースに正しく情報を伝えることによって、あなたが「部下から正しく評価される」という面があることにも留意して、フィードバックをしていくとよいでしょう。

3 成長へのモチベーションを上げるフィードバック

"次の期"につながるフィードバックというのは、単に正しい情報を伝えるだけでなく、部下の「次も（は）がんばろう」という行動につながる気持ちも引き出すものです。

正しく情報を伝えるだけでも、「自分のことをちゃんと見てくれる上司のいる組織でよかった」と、モチベーションが高まることは期待できます。それだけでなく、もう一押し、フィードバックを成長へのモチベーションにつなげていきたいものです。

ところで、あなた自身は、どのようなときに成長へのモチベーションが高まるでしょうか？　少し前までは「自分の足りないところがわかれば、それを克服しようとがんばるものだ」というのが一般的な考え方とされていました。受験対策の科目別の結果フィードバックもそうですし、ビジネスの場でのさまざまなフィードバックも"行動計画は弱みに注目して"という説明がほとんどです。実際のところはどうでしょう？

近年、ビジネスでもスポーツでも世界で活躍する日本人が増え、そのような考え方は、必ずしも世界で主流ではないことがわかってきました。

あるプロのスポーツインストラクターは、フィードバック時の留意点について、「スポーツはどこまでいっても完璧はないので、失敗があっても"できない選手"という烙印を押すのではなく、"できる途上の選手"と考え、何ができていて、何がまだできていないのかをちゃんと把握して、フィードバックするようにしています」と語っています。

このように論を進めると、「要は、褒めろってことでしょ。でも、褒めるところなんか見つからないんだよね……」というぼやきも聞こえてきそうです。

それなら、このスポーツインストラクターのように少し考え方を変えて、プラスとマイナスの両面を必ず伝える、としてはいかがでしょうか？

特に、最近の若手のモチベーションの源泉の一つは、成長実感だといわれています。「まだまだ先は長いけれど、ここまでできた。もう少しがんばろう」という発想もあるということなのです。

そして、評価・フィードバックというのは、「ここまでできた」を実感させる場でもあり、「次はこれをがんばろう」と、具体的にエネルギーをかけていこうとする領域を発見し、行動を促す場でもあるのです。

【部下の成長を促すフィードバック】

- 正しく情報を伝える
- 行動を促す

この2つのポイントを押さえて、評価面談を有意義なフィードバックの機会としていきましょう。

4 部下を褒めるのが難しいとき

　プラスの評価の部分を伝える、というと人並外れた素晴らしいことを見つけ、それを伝えなければいけない、と思われるかもしれません。「褒めるのは苦手なんだよね」と言う人は、特にそのような印象を持っているようです。

　しかし、ここで必要なのは成長実感をもたらすプラスのフィードバックですから、他者との比較の"人並外れた"ではなく、その部下の中での"できるようになったこと"で十分なのです。

　あなたにとっては、それができることは"当たり前"のことかもしれません。また、間接部門などではミスがないことが"当たり前"で、評価に値しないと思われている場合もあるでしょう。

　しかし、ミスを1つも起こさないというのは、大変な努力が必要で、"誰もがそれをやってきた"ということとは別に、それ自体が賞賛に値することであったりします。

　このようなことをわざわざ考えなければいけないのは、ちょうど目標達成というときか、残念ながら目標に到達できなかったというときですね。

　ここでは、より考えにくいと思われる、残念ながら目標に到達できなかったときの状況を取り上げてみましょう。

　例えば、営業の売上目標であれば、目標ラインに到達した月、そうでない月があるかもしれません。この場合、目標ラインに到達した月に着目し、「○月は目標ラインまで届いたな。小まめな訪問が結果につながったようだね」などとなるでしょう。営業担当なら小まめに訪問するのは当たり前で、そうでなかったら売上なんか上がらないと思われるかもしれません。ですが、部下本人が小まめな訪問をしたことは事実です。そのような"当たり

前"を淡々と伝えればよいのです。

　ITの開発部門であれば、プロジェクトのメンバーとして、納期通りの実装が目標となるでしょう。残念ながらいくつかのプロジェクトで、予定をオーバーした場合でも、ある技術や機能の実装ではプロジェクトの役に立ったことでしょう。「○○のプロジェクトでの、△△での貢献は助かった（とリーダーも言っていた）」などが、プラスの部分のフィードバックの例になります。

　プロジェクトのメンバーとして、自分の役割を果たすのは当たり前だろう、と思われるかもしれません。しかし、その役割が果たされなかったら、プロジェクトは炎上していたかもしれないのです。

　加えて、それが部下の成長の一つであるなら、「△△については、これからも安心して任せられるな」と伝えるのもよいですね。

　ぜひ、次の評価面談の前に、あなたの部下の目標に関して、プラスの評価として伝えられる"当たり前"の事実をリストアップしてください（120ページ）。

　そして、フィードバックのときに積極的に伝えてみましょう。

5 フィードバックの方法1
部下の認識を先に聴く

　さて、ここからは会話例なども交えながら、フィードバックの面談の核となる、エンゲージメントのステップを詳しく見ていきましょう。
　合意する面談では、お互いの情報を出し合うのに、次のどちらかの順番が考えられます。

- 部下が話す → 上司が話す
- 上司が話す → 部下が話す

　まず1次評価面談として、部下が話してから、上司が話すという流れを解説します。次に、最終評価結果について伝えるときを想定して、上司が話してから、部下が話すという流れで解説していきましょう。

　どちらの面談でも、話をしやすくするような雰囲気作りは大切ですが、特に部下からの情報を引き出したいときには、より気を使うくらいでちょうどよいかもしれません。
　そして、面談の進め方を伝えます。部下本人からの評価とその理由を、目標ごとに話してもらい、次に上司であるあなたの見解を伝えて、認識の違いがあるものについては、さらに情報を出し合って、1次評価として合意したいということを伝えます。
　目標一つひとつについて、部下本人が話し、上司であるあなたが話し、さらに合意のための話し合いをする、というのを繰り返してもよいのですが、最初のいくつかの目標について、合意に時間がかかってしまうと、後の方の目標については、部下の話がいい加減になってしまうというリスクがあります。

せっかく部下本人から話を聞く、という順番を選ぶのですから、最後までじっくり話を聞く機会にしたいものです。したがって、目標の一つひとつに対しての説明を全部話してもらってから、あなたの見解を伝えるとよいでしょう。

　このようなオープニングの伝え方の例としては、「期初に立てた目標それぞれについて、自分の評価とその理由について説明してほしい。すべて聞かせてもらってから、確認したいことを質問するかもしれない。十分に話が聞けたら、こちらの認識を伝えたい。その上で、評価に相違があるものについては、事実をもとにもう一度お互いで見直し、一つひとつ確認して、合意していこう」などになります。

　部下本人が話をし始めたら、話の腰を折ることなく、うなずいたり、あいづちなどを打ったりしながら傾聴します。目標が多くあるときはメモを取っておくと、後の話し合いがスムーズでしょう。

　あなたの知らない情報があり、そこについて詳しく聞きたいときには、「○○について、もう少し詳しく聞きたいんだけれど、いいかな」と質問の予告をすると、いきなり質問されるよりも、話しやすくなるものです。

　あなたと認識が違ったときは要注意で、話をさえぎったり、あからさまに表情に出してしまったりしないよう、余裕を持って話を聴きましょう。

　十分に情報が引き出せたら、次はあなたの番です。「詳しく話してくれてありがとう」と前置きする余裕も見せながら、「認識が同じところも、違うところもあるようだけれど、次はこちらの意見を伝えたい」と、あなたの認識を伝えます。

　先述したように、このときこそ、プラスのフィードバックをするチャンスです。目標に到達していないものがあったとしても、それがあなたにとって当たり前のものであったとしても、「ここまでは、よくやってくれた」ということを伝えていきましょう。

　もちろん、あなたが正当な評価であると考えるものについては、例えば

「目標としては、○○の期待があったわけだけれど、△△ということもあったので、そこまでには達していないと考えている」など、はっきりと伝えます。このときも「ただ、□□のレベルまではいけていたと思うので、少し残念だ」と、"ここまではできていた"という情報も付け加えるとよいでしょう。

　お互いの認識について共有できたら、相違があった点について合意が得られるよう、さらに話し合いを進めます。
　目標の一覧表などがあれば、それも活用して、全体の中で、どの目標について相違があったか一通り確認しておくと、見通しがつきやすくなります。お互いが判断の基準となる事実を共有でき、その観点から評価が一致するようなら、それで合意ができるでしょう。
　ただ、目標設定にあいまいさが残っていたために、同じ事実から異なる評価となってしまった場合は、どうすればよいのでしょうか？
　例えば、専門技術などでは"マスターする"というのが目標の一つになり得ますが、それが部下の感覚では"一通りできる"であったのに対して、あなたの認識は"ミスなく、平均的なスピードでできる"であったときなどです。
　このときの上司としてのあなたの判断のよりどころは、評価は"次の期"の目標達成のためである、ということです。
　ここはまだ至らないところを自覚させ、より高い水準で"次の期"に仕事をしてもらいたい、もらえそうだ、ということならあなたの判断を優先してもよいでしょう。
　しかし、逆に「そもそも最初から言われていないのに、今になって……」という不満が、"次の期"の仕事ぶりにネガティブな影響を及ぼしそうなら、目標設定で詳細を決めきれなかった非を認めてしまうという選択もあります。
　次の評価のポイントを念頭に置き、部下との合意を導きましょう。

【最終的な評価のポイント】

- 設定された目標に対しての達成度合い
- より大きな組織目標達成への寄与度合い
- 評価される本人のモチベーション

6 フィードバックの方法2
結果を伝え、納得度を確認する

　本書では、1次評価を部下とともに合意し、2次評価の後、最終評価結果を部下に伝えるという想定で、解説を進めました。

　ここでは、2次評価後の面談で上司が話してから、部下が話すという流れについて、ポイントを見ていきます。

　雰囲気作りが重要なことは同様ですが、オープニングでの進め方の説明は次のようになります。

　「1次評価の面談では、時間をかけてよい合意ができたのではないかと思っている。今回は、2次評価の結果を伝えたい。全社のさまざまな要因を考慮しての結果なので、1次評価のときの合意と異なる点もあるかもしれないが、納得できる内容かについて、確認してほしい。もちろん、納得できないということであれば、制度上申し立てもできるようになっている」

　また、事前にシステムを活用して本人評価をフォームに入力させて、上司がその内容を見ながら評価を決め、面談で部下にそれを伝えるというプロセスを取る場合は、1次評価であっても、

- こちらが話す → 相手が話す

となります。このときの進め方の説明は次のようになります。

　「本人評価の入力ありがとう。入力してもらった内容をよく吟味させてもらったよ。いくつか確認しなければいけないこともあるけれど、まずはこちらが考える評価について聞いてほしい。納得がいかないところがあれば、よく話し合おう。ここでの合意が1次評価となるので、そのつもりで」

いずれにしても、一方的に説明するだけでなく、後で十分に話を聞くつもりでいることを伝えましょう。

　あなたからの説明は、評価とその理由となる"事実"のセットが基本です。結論である評価を先に伝えるという選択肢と、理由となる"事実"を先に伝えるという選択肢とがありますが、いずれにしても、まずは合理的で納得を引き出せる説明を心がけましょう。

　初めからあなたの考えや評価に納得してもらおう、と気負うと、その気負いが伝わります。部下のタイプによっては、"北風と太陽"のように、「納得なんか絶対しないぞ」と構えてしまい、かえって合意が得られにくくなったり、逆に気弱な部下なら、自分の考えを言いにくくなってしまい、「それでいいです」と答えながら、実は不満を隠しているということになったりするので、留意しましょう。

　あなたの話が終わったら、質問を受けつけます。「以上だけど、何か質問はあるかな。細かいことでも、引っかかることがあれば聞いてほしい」など、言い出しやすくするための気遣いをするとよいでしょう。

　また、「自分としてはこの"事実"をちゃんと押さえてほしいとか、こんな評価だと思うとか、意見はないかな？」と、さらに認識の違いを言い出しやすくすることも大切です。

　すでに多くの意見交換が済んでいて、あとは納得してもらうだけ、というタイミングになったら「それでは、この評価ということで納得してもらえるかな？」と最終確認を行ないましょう。

　この最終確認のタイミングは、相手の表情を見て決めるとよいでしょう。特に日本人の場合、「目は口ほどにものを言う」という言葉通り、発言とは裏腹の感情を持っていても、それは表情として知ることができることが多いものです。

　しっかり納得できていないのに、表面上で合意を得たことにしてしまうと、評価とフィードバックの狙いどころでもある"次の期"の目標達成が遠のくこととなるので、注意しましょう。

7 低い評価のときのフィードバック

　適切な目標設定をし、また目標達成への支援も行なったのに、残念ながら低い評価をつけなければいけない達成度であった、というときもあるでしょう。

　年功序列が当たり前という時代はとうの昔に終わり、場合によっては基本給が下がる降格ということもあるかもしれません。通常、部下の育成責任を負っている上司であるあなたが、それを伝えなければいけないとなったら、どうするでしょうか。

　できるだけ傷つけないように遠回しに伝える、自業自得だと考えるようにドライに伝える、など多くの選択肢がありますが、あなたも余計な気を使わずに済み、また部下も渋々ながら納得せざるをえないのは、毎回のパターン通りのフィードバックです。

　目標管理の評価は、本来は非常に合理的なものですから、"いつも通り"評価をしたら、私情を挟む余地なく今回は低い評価であったと伝われば、本人も仕方ないと感じるでしょう。逆に言えば、これが目標管理でのパターンである、というのを作っておくとよいということになります。

　ここでの"パターン"の王道とは、すでにご説明したステップです。

　雰囲気づくりでは、他の人に聞かれることのない、話しやすい会議室を選び、期中の働きに対してねぎらいの言葉をかけて場を和ませます。

　面談のオープニングでは、面談の目的と進め方を伝えます。このときに、低い評価を聞くことになる、というような予告は不要です。"いつも通り"に、どちらが先に話すのかを伝え、相手の話を聞くというステップがあることを伝え、最終的には合意をつくる場であることを伝えます。

　本題となるエンゲージメントのステップでは、相手の話をしっかりと聞

くことは欠かせません。また、こちらの評価を伝えるときには、もともと設定された目標と照らし合わせて「"事実"に基づいた結果、このような評価になった」と説明します。

　たとえ低い評価のときであっても、"ここまではできた"ということを忘れずに付け加えたいものです。

　合意形成にあたっては、説得するという姿勢ではなく、相手の納得がいくまで話を聴く、ということに留意します。"北風と太陽"の寓話は、ほぼどのような場面でも当てはまるものです。

　クロージングでは、事務的なことを確認するのが通例ですが、降格の場合は人事から特別な何かがあるかもしれません。これは事前に確認しておきましょう。

　普通の評価、高い評価のときにこのようなパターンを作り、毎回このステップなのだ、と了解できていれば、お互い話は早いでしょう。

　低い評価となったときに「どうしようか」と慌てるのではなく、その前にパターンを作ってしまうことが肝要です。

8 フィードバックで成長を実感させる

　人はいつ成長し、それを自覚するのでしょうか？
　ものづくりや機械の保守のように、今までできなかったことができるようになったことで、見える結果が目の前にあるということなら、自分の成長とその自覚は、ほぼ同時です。
　一方、営業スキルや、経理の処理など、成長がアナログ的で、だんだんにできるようになってくるものの、どこからが"できた"といえるのかあいまいな仕事であると、自覚するタイミングを逸してしまうこともあるかもしれません。
　成長がアナログ的なものの代表例は身長です。子供の身長は日々伸びるものですが、「あれ、ずいぶん背が伸びてきたなぁ」と自覚するのは、人からそのように言われたときか、一年に一度の身体測定のときですね（本書をお読みで、まだ身長が伸び続けているという方はいらっしゃらないかもしれませんが……）。
　実は、多くのビジネススキルの成長は、身長のようなものです。成長は日々の仕事の中でということになりますが、その最中にそれを実感できることの方が少ないものです。
　例えば、上司であるあなたは、すでにいろいろな実務をできるようになっていると思いますが、それが"いつ"できるようになったのかを、すべて特定するのは難しいのではないでしょうか？　それだけに、定期的な身体測定と同じ機能を持つ評価のフィードバックは、成長を実感させる絶好のチャンスなのです。

　最近の若手のモチベーションの源泉の一つは"成長実感"であるといわれています。

【成長の実感はフィードバックをもらったとき】

　昇給、昇格といった即物的なものもありますが、それ以上に"自分はこれができるようになった"というスキルの積み重ね感が、モチベーションと大きな相関があるようです。
　ここで"相関"と言ったのには意味があります。"成長実感"があるとモチベーションが上がるというのは、すっとご理解いただけることと思いますが、一方、"成長実感"がないとモチベーションが下がるというのも相関なのです。
　そして、モチベーションの低下は、組織の目標達成へのネガティブな影響を及ぼしますし、転職や離職ということになったら、あなたのチームは著しいダメージを受けるでしょう。

　したがって、目標達成した、さらに高い評価であった、というときはもちろん、低い評価であったというときでも、"ここまではできた"という情報を盛り込むことは、場の雰囲気を和やかにするということ以上の、効果があるのです。部下の育成責任を負うのは上司ですが、一つひとつのスキル向上の締めくくりは"成長実感"であるというつもりで、フィードバックの機会を活かしていくとよいでしょう。

9 明日のために期待を伝え、希望を引き出す

　目標管理での評価というのは、次の期の目標達成のためにあるということで、解説を進めてきました。
　評価・フィードバック面談というのは1つの期が終わった、というタイミングですから、実際はすでに次の期が始まっているというのが普通です。評価・フィードバック面談の後には、すぐに次の目標設定の面談がやってきます。

　One on Oneのように制度的に（あるいは強制的に）面談の機会が定期的にある、というという場合を除き、上司が部下からじっくり話を聞く、という機会はなかなか持ちにくいものです。
　ですから、次の目標設定のために、評価・フィードバック面談の時間を積極的に活用しましょう。

　評価・フィードバック面談のことだけ考えれば、クロージングは事務的な確認で終わってもよいわけですが、せっかくの振り返りの機会ですから、本人の希望や、組織にとって有用な体験から得られた知見を聞いて、面談を締めくくるのは効率的といえるでしょう。
　その際、あなたの期待を伝えるというチャンスもあるのですから、組織や部下の未来に関して、情報共有ができるというわけです。
　そして、次の期はそれに基づいて、メンバーそれぞれに役割を割り振り、部下もまた自分の目標を設定することになります。

【目標管理のサイクル】

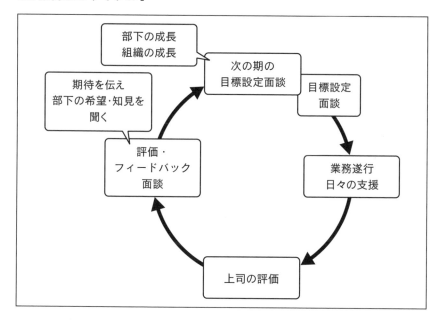

　それぞれの目標が前期より今期、今期より次の期と成長を伴うものであったなら、組織としても成長していけるということになります。
　目標管理は今期だけのものではありません。今と未来をよりよいものにしていくために、期待を伝え希望を引き出したり、知見を残したりしていくことで、目の前の目標達成と、未来への組織の成長のエンジンとして活用していきましょう。

10 基礎知識8
成長と行動を促進させる ARCSモデル

　本書では、モチベーションに関する理論をいくつか紹介していますが、ここではジョン・M・ケラーの ARCS モデルをご紹介しましょう。
　ARCS モデルはもともと学習するという行動に焦点を当て、成果につながるまでのモチベーションを4つの要因で捉えたもので、広くビジネスの実践にも適用できるものです。

【ARCS モデル】

ARCSモデル	部下・メンバーの動機づけ
Attention 注意	面白そうだ 好奇心が刺激された
Relevance 関連性	自分の興味・関心・経験と関連性がある やりがいがありそうだ
Confidence 自信	自分でもできそうだ 自信がついた
Satisfaction 満足感	実践してよかった また次も挑戦してみたい

　まずは、Attention 注意です。部下が新しい目標、仕事などに取り組むというときに、部下の注意を向けさせるということです。また、目標に到達するまでの間、あきてしまわないようにすることも含まれます。
　具体的には、目標や仕事の新奇性を伝えたり、好奇心を刺激するような問いかけをして、部下に考えさせたりします。これにより、まずは部下に「面白そうだな」と思ってもらえればよいでしょう。

Relevance 関連性では、目標や仕事に取り組むことと、部下にとってのメリットを関連づけられるとよいでしょう。
　具体的には、部下の興味・関心、今までの仕事とのつながり、目標の意義や、達成することによる将来的な価値などを伝えましょう。
　また、目標達成までの手段を本人に決めさせるなど、取り組みやすくすることも効果があります。これにより、「やりがいがありそうだ」と部下に思ってもらえれば、しめたものです。

　Confidence 自信では、目標達成への期待を持ち続けてもらうには、どうしたらよいか考えましょう。
　そもそも目標は適切ですか？　チャレンジ精神が刺激されるレベルで、評価基準が明確になるようにしたいものです。
　また、段階ごとに着実に上達していくような計画や、安心して失敗からも安心して学べる環境があると、自信を持って取り組むことができるでしょう。部下に「自分でもできそうだな」と思ってもらうことが大切です。

　Satisfaction 満足では、部下に「実践してよかった」と感じてもらい、「また次も挑戦してみたい」という気持ちを持ち続けてもらうことを狙いにします。そのために、褒めたり報酬を与えるのは当然ですが、習得した知識やスキルを活用できる仕事や役割を与えたり、メンバーとともに成果を喜び合ったりすることも効果的です。

　部下の動機づけをうまく行ない、主体的に能力向上や業務に取り組ませることができれば、部下本人の目標管理の評価も高いものになるでしょうし、さらに継続した意欲を保つことができます。そうなれば、あなたの組織の業績も、向上していくでしょう。

ストーリー 評価をフィードバックする

　期の終わりが近づき、桂さんは個別に評価のフィードバック面談をしています。あとは竹田さんで終わりです。
「僕で最後ですよね。はい、これ、藤森先輩が、持ってけって」
　竹田さんが持ってきたコーヒーを、お菓子が一杯おいてある机の上に置きました。
「おやつを用意してみました。若いんだからどんどん食べて！」
「はい、はい。パワハラですよ」
　この前もこんな会話をしたなぁと思いながら、竹田さんはお菓子を口にしました。
「よし、じゃあ始めましょう」
「お願いします」
「さて、自己評価の入力ありがとう。目標の定量的な評価基準に照らし合わせてあって、とてもわかりやすかったです。目標設定のときと同様だけど、まず竹田さんからの説明を聞かせてください。その後、私の認識を話します。相違点については、話し合って合意するところまで持っていきたいと思っています」
　桂さんは、少し慣れた様子で話し始めました。
「はい。じゃあ、目標の1つ目ですが……」
　竹田さんが順を追って説明していきます。一通り説明が終わりました。
「ありがとう。じゃあ、私の方から」
「ちょっと緊張しますね」
　そんな竹田さんを見て、桂さんは微笑みました。
「目標の1つ目、カスタマイズ案件の総利益額についてだけど、途中で山崎さんが藤森さんのヘルプに入って、手が足りない状態になっていたよね。でも、竹田さんがうまくタイムマネジメントしてくれたおかげで、複数の案件をうまく回すことができました。無事に藤森さ

のプロジェクトも挽回できたし、竹田さんには感謝しています」
　いきなりお礼を言われて、竹田さんは驚きました。
「いや……前期は藤森さんに手伝ってもらったし」
「そうね。なので数値上はほんのちょっとプラスで、ほぼ目標通りなんだけど、私の評価は『目標を上回った』です」
「いいんですか」
　思っていたより、桂さんは竹田さんの仕事ぶりを評価してくれました。
「上回っているのは事実だし、今回の竹田さんのタイムマネジメントのやり方、みんなにも共有できれば、もっとチームの生産性も上がると思う。何かポイントはある？」
　少し考えてから、竹田さんは答えました。
「今回使ったツールが使いやすかったというのもありますが、ポイントとしてはそこに情報を集約する、ってことじゃないかと思います。ガントチャートも統合すれば、もっと有効かも」
「なるほど、ありがとう。それも含めて次期の標準にしていきたいかな。さて、次の山崎さんのOJT、確かに今期は山崎さんが十分戦力になって、チームを助けてくれました。それは目標達成だけど、竹田さんの関わり方はどうだったかな」
「それについては、藤森さんのサブって感じで、僕の出る幕はなかったんですよ」
「うん、それもわかってる。だけど、毎週のミーティングは続けてほしかった」
「……確かに、最後のひと月はこちらも忙しくて、全然時間が取れなかったのは事実ですけど」
　期末のひと月は、竹田さんがバタバタしていたため、山崎さんも声をかけづらい状況になっていました。
「後輩の育成を目標にするっていったとき、育成される側の能力向上はもちろんだけど、育成する側の能力向上という側面もあるのはわ

かるかな？」
「……はい」
「ここで『目標に到達した』という評価をつけるのは、竹田さんの成長の軌跡を見える化しておく、という観点からも好ましくないと思う」
「理解します」
　確かに、山崎さんの育成を見守りながら、なんとなくでやっていたことをきちんと整理できたり、自分自身の成長にもつながったなと思うところはあります。そして、それが足りない部分もあったことは、よくわかっていました。
「チームで目標全達成、とはならなくて残念だけどね」
「でも、だから１つ目の目標は『目標を上回った』にしてくれたんですか？」
「ん……そういう気持ちもあったかなあ。今期は、チームの中でうまく役割を交代し合って、全体としては事業部に貢献できたと感じてる。それなのに、臨機応変にポジションチェンジしたことで、評価を下げられちゃうというのはおかしいし」
　桂さんの指示で、期初に決めた役割分担を変更することになったのですが、結果としてチームとして一体感が生まれた気がします。
「そうですね。自分の目標だけ追いかければいい、ってなっちゃいそうですね」
「個人的な想いだから、上がどう判断するかわからないけどね……。で、３つ目の目標だけど……」
　桂さんは忙しい中でも、メンバー一人ひとりの仕事ぶりを、しっかり見ていたようです。
　フィードバック面談が終わると、竹田さんはちょっと成長できたようだし、また来期もがんばるかという気持ちになっていました。

・・

解　説

　評価のフィードバック面談の場面です。
　面談の初めは、目標設定面談のときと同じパターンで始めています。評価の高い／低いにかかわらず、同じパターンで行なうというのは、部下の納得度を高めるでしょう。

　竹田さんの自己評価の説明が終わり、桂さんからフィードバックが伝えられました。
　1つ目の目標であるカスタマイズ案件の総利益額については、結果だけでなく、途中のプロセスから、うまくできていた点を伝えています。また、「うまくいったポイントを共有したい」と言って、知見を引き出しました。
　一方、2つ目の山崎さんのOJTについては、厳しい評価となっています。しかし、こちらも、プロセスについて振り返り、事実ベースでできていなかったことを伝えています。
　竹田さんは自分が「どこまでできたか」ということを、しっかり理解できたようです。
　また、目標設定したときから状況が変わってしまい、臨機応変に対応することになったという点についても、きちんと伝えています。「全体として事業部に貢献できた」ということを伝えることで、個人としてがんばるだけでなく、チームとして協力していくことへの期待が伝わったのではないでしょうか。

　ここでは、特に竹田さんの来期の希望については聞いていませんが、十分に納得のいく評価・フィードバックを受けたことで、成長を実感し、次へのモチベーションも生まれているようです。

6章

さまざまな部門／職種の目標管理

1 営業の目標管理

　この章では、さまざまな部門における目標管理のポイントについて解説していきます。
　まず、営業部門は、目標管理の制度を導入する・しないにかかわらず、多くの場合目標が数値で示され、その達成を求められてきた部門です。
　市場が成長している時期なら、"売上目標は常に前年度比150％"という目標もありえますが、時代や市場の変化があった場合、それまでのやり方の延長線上では高い目標をクリアできないかもしれません。そのときは、数字を分割するだけで、部下とも相談して、どのようなお客さま（市場）に対し、どのような製品やサービスを、どのようなやり方で提供するのか、それによってお客さまが得られる価値はどのようなものなのかなど、仮説や作戦を立てつつ、目標を設定していきましょう。

【営業部門の目標】

- 売上／利益目標など
- 競合と比較しての市場シェア

〈上記を達成するための仮説や作戦〉
- お客さまや市場の絞り込み
- 製品やサービスの絞り込み
- 営業手法の効率化や大きな転換

　より的確な営業活動のためには、お客さまや市場の理解、製品やサービスの競合と比較した優位性の理解など、より豊富な知識が必要になるかもしれません。また、案件規模が大きくなるとお客さまの政治的な要素まで

押さえた上での、巧みな営業スキルも欠かせないものになるでしょう。

つまり、単に部門で与えられる数値目標を分割するだけでなく、必要な能力の向上も目標とすることで、数値目標の達成を後押しできます。

【数値目標を支援する能力目標】

- お客さまや市場の知識
- 自社製品・サービスの知識、競合と比較したときの優位性などの知識
- より高度な営業スキル

評価のときの留意点としては、数値目標が明確であるがゆえに、その達成率があなたから見た部下のイメージと違ったときに、それ以外の能力目標を高く評価したり、低く評価したりして調整したくなることでしょう。

部下のモチベーションを考慮するということも重要ですが、より大きな組織目標の達成に貢献したなど、合理的な理由がない限り、あまり裁量を濫用してはいけません。もし、部下の働きや貢献と、目標達成の度合いが一致しないということであれば、それはそもそもの目標がそぐわなかったためであり、その修正は本来、評価のときではなく、期の途中に行なうべきなのです。

評価のタイミングで目標を変えていいとなったら、目標での管理というのが有名無実になってしまいますし、また部下が複数いた場合は、人によって恣意的に評価をする上司と見られてしまうリスクにもつながります。

📖 ケーススタディー（営業）

目標に対して、部下本人のコメントと、あなたが得ている情報は次の通りです。あなたなら、どのような評価をしますか？

目標1	新規訪問から提案、受注、納品立会いに至るまでの営業プロセスを1人で回せるようにし、担当する案件の総売上5,000万円を達成する。

部下本人のコメント	先輩方からの支援も受けながら、総売上は7,000万円と目標値を大きく超えました。 また、たまたまではありますが、問い合わせの電話を受けたお客さまの案件がトントン拍子で決まり、その案件において営業プロセスも1人で回しましたので「目標を上回った」評価と考えます。	あなたが得ている情報	先輩であるAさんが超大型案件に注力するため、Aさんのその他の担当案件を引き継いだので、売上の目標値を大きく超えるのは当然の結果だった。 また、期の終わり頃に同行訪問したときには、お客さまとの商談もまだおぼつかず、一人前とはいい難いと感じた。

▼

あなたの評価	

目標2	ソリューションセールスへの転換を図るため、既存製品と新規ソリューションの売上比率を1：1以上にする。

部下本人のコメント	既存製品関連の案件を多く引きついだので、売上比率自体は6：4でしたが、もともとの総売上目標は5,000万円で、そのうちの新規ソリューションを50%とすると2500万円ですから、今期の7,000万円×40％＝2,800万円となり、総額で目標を上回っています。したがって「目標を上回った」評価と考えます。	あなたが得ている情報	Aさんからの案件は既存製品がらみのものであったので、新規ソリューションの売上は間違いなく本人の努力のものと言える。ただし、会社からの「ソリューションセールスへの転換」というのは営業のエネルギーのかけ方の比重を変えて欲しいという意図で、新ソリューションの売上拡大がその狙いではない。

▼

あなたの評価	

目標3	既存顧客に対しての定期的な情報発信を、メールで行なうマーケティング施策の仕組みを作る。概ね隔週（2週に1回）で、既存顧客に対して情報発信メールを配信する。		
部下本人のコメント	部門内で管理しているエクセルの顧客リストから、自動的にメールを配信するマクロを作りました。現在は他の誰も使っていませんが、部の先輩方の誰もが使えるものだと思います。また、実際のメール配信も8月を除き、きっちりと隔週で情報発信を行いました。8月は引き継ぎがピークで情報発信が予定通り行なえず、その分9月に3回の配信となりましたが、お客さまも夏休みの期間だったので、問題ないと思います。したがって「目標に到達した」評価と考えます。	あなたが得ている情報	メール配信の仕組みに関しては、そのやり方の共有の機会がまだないので、誰もが使えるものなのか判断がつかない。 秋に営業部全体でのソリューションフェアあったが、8月に配信できなかった影響で、今回の集客が振るわなかったのではないかと薄々思っている。

あなたの評価	

目標の表現がどのようであったなら、よりあいまいさを排除できたか、考えてください。

	もともとの目標	よりあいまいさを排除した目標
1	新規訪問から提案、受注、納品立会いに至るまでの営業プロセスを1人で回せるようにし、担当する案件の総売上5,000万円を達成する。	
2	ソリューションセールスへの転換を図るため、既存製品と新規ソリューションの売上比率を1：1以上にする。	
3	既存顧客に対しての定期的な情報発信をメールで行なうマーケティング施策の仕組みを作る。概ね隔週（2週に1回）で、既存顧客に対して情報発信メールを配信する。	

2 開発・R&Dの目標管理

　R&D・開発部門は、ある期だけを見ると長期的なプロジェクトの一部だけを担うことも多く、短期的な目標管理が非常に難しいと言われます。特に、実験が必須なタイプのR&Dでは、結果がわからないからこそ実験をしているのに、ゴールベースの目標管理をしなければいけないという、ジレンマの中で仕事をすることになります。それでも、できる限り所属する組織の制度に沿うようにするならば、プロジェクトのWBSの精度を、どのように高めていくかが鍵となるでしょう。

　ここで思い出したいのは、WBSが前人未到の宇宙開発の現場で培われたノウハウであるということです。WBSの原則の一つ、"活動ではなく、成果で計画する"を参考に目標を設定していくとよいでしょう。

　また、求めるような結果が出なくても、知見を残すことが次のプロジェクトの糧となる側面があります。さらに、その一部が別の特許などの形で、意味をなすかもしれません。そのようなものも目標たりえるでしょう。

【R&D・開発部門の目標】

- 短期的なプロジェクトの目標
- 長期的なプロジェクトのWBS

〈より上位の組織の目標達成に貢献する目標〉
- 試行錯誤の結果、得られた知見
- 特許の申請件数

　さらに高度なR&D・開発を実現するためには、メンバー一人ひとりの能

力向上は欠かせません。さまざまな勉強会へ参加した結果、得られるものも大切です。

また、それらを自分だけのものとせずに、組織の中で共有するということも、能力目標として考えられるでしょう。

【高度なR&D・開発を実現する能力目標】

- さまざまな勉強会へ参加した結果のレポート
- 社内情報共有会の開催

評価のときの留意点としては、まずは厳格に、目標に対して結果がどうであったかを判定するということです。どちらにしても当たるも八卦、当たらぬも八卦という考え方では、いつまで経っても精度は向上しません。

ただし、営業部門などと比較して、努力が報われないリスクが高い部門であることは事実なので、モチベーションとのバランスを特に考えるようにしましょう。

📖 ケーススタディー（R&D・開発）

目標に対して、部下本人のコメントと、あなたが得ている情報は次の通りです。
あなたなら、どのような評価をしますか？

目標1	プラスチックと置き換えることのできる、環境負荷が低い新素材を活用した新たな製品パッケージを開発する。当面の耐久性能はプラスチックと同様、重量は20％増までを目標とする。		
部下本人のコメント	3つの素材メーカーが提案する新素材を用い、新たな形状の製品パッケージについて試作と性能テストを行ないました。うち、A化学工業の新素材を活用したパッケージについては、耐久性能、重量ともにプラスチックと同様のテスト結果を得られました。したがって「目標を上回る」評価と考えます。	あなたが得ている情報	A化学工業の新素材を活用したパッケージについてのテスト結果の報告は受けていて、本人コメント通りの数値が得られている。ただし、このA化学工業の新素材は、性能面ではプラスチック同様の結果が得られることは想定できていたものの、コスト面で折り合わないことが当初よりわかっていた。そのため、A化学工業以外の素材も並行して研究するように指示していたが、そちらについては、有効な結果が得られていない。

▼

あなたの評価	

目標2	特許を5件申請する。分野問わず、研究対象に直接関係ないものでもよい。		
部下本人のコメント	パッケージの形状に関するもの、パッケージの製造工程に関するもの、コーティングに関するものの3分野で、合計5件の特許を出願しました。したがって、「目標に到達した」評価と考えます。	あなたが得ている情報	パッケージの形状に関する2件については、新規性があり、特許権取得の見込みが高い。しかし、コーティングに関するものの申請については、別チームの共同研究から得られたもので、出願の書類の作成はしたものの、研究自体への貢献度は低く、"譲ってもらった"という印象は否めない。

▼

あなたの評価	

目標3	3回以上学会に出席し、社内で情報共有会を開催する。分野問わず、研究対象に直接関係ないものでもよい。		
部下本人のコメント	学会への出席は2回ですが、生物工学会では発表まで行ないました。また、学会ではありませんが国連の持続可能な開発目標に関する勉強会に出席し、部内だけでなく、研究所全体への共有を行ないました。したがって「目標に到達した」評価と考えます。	あなたが得ている情報	学会の出席と部内の情報共有会については、期待通りの成果と考えている。研究所全体への情報共有を行なった持続可能な開発目標に関するものは、他部門からの反響も大きく、学会への出席ではないが、有益なものだとの声をもらっている。

▼

あなたの評価	

目標の表現がどのようであったなら、よりあいまいさを排除できたか、考えてください。

	もともとの目標	よりあいまいさを排除した目標
1	プラスチックと置き換えることのできる、環境負荷が低い新素材を活用した新たな製品パッケージを開発する。当面の耐久性能はプラスチックと同様、重量は20％増までを目標とする。	
2	特許を5件申請する。分野問わず、研究対象に直接関係ないものでもよい。	
3	3回以上学会に出席し、社内で情報共有会を開催する。分野問わず、研究対象に直接関係ないものでもよい。	

3 技術・生産の目標管理

　技術・生産部門は、専門性を活かし、マーケットの期待に応えながら、正しく生産活動を行なっていくことが求められます。また、その生産活動も、単に完成物ができればいいというものではありません。組織の利益ということを考えると、求められる品質の完成物に対して、可能な限りコストを下げることが、より高いレベルの期待としてあるでしょう。

　顧客の要望をもとに、限られたリソースでそれに応えようとするならば、品質とコストともに当初の予定通りに収めながら、顧客満足が極めて高くなるようであれば、より高いレベルの期待に応えているといえるでしょう。

　したがって、技術・生産部門の目標としては、下記のように一般的に求められるものと、より高次なものがあることになります。

【技術・生産部門の目標】

> - 期待される品質の完成物を、期待される納期で納品（生産）する
>
> 〈より高次な目標〉
> - 自社の利益率が高くなるよう、コストを最小限に抑える
> - 品質、コストを計画通りに収めながら、高い顧客満足を得る

　ここで、注意が必要なのは"求められる品質"を満たしている、と判断するのは誰なのかということです。

　自社に品質基準などがあれば話は早いわけですが、お客さまが判断するとなると、悩ましい問題に直面するかもしれません。そもそも常に達成が

極めて難しい基準を要求してくるお客さまに、営業側が「No」を言えず、初めから無理な基準で約束をしてしまった場合などが考えられます。こんなときは、すでにその顧客からの"求められる品質"を満たすこと自体が、より高次な目標となるでしょう。

　また、生産効率などの相対的な指標に注目して、次のようなものも目標たりえます。

【生産効率などの指標に注目した技術・生産部門の目標】

> ・生産効率を○％向上させる
> ・（ある生産単位当たりの）人件費を○％削減する

　評価のときの留意点としては、本人から見ると外的な要因が、目標達成に影響してしまったときにどう考えるか、などがあるでしょう。特に技術・生産部門というのは役割が一見明確で、それぞれが役割を果たして、全体の目標達成となる、ということが多いのでなおさらです。

　しかし、本人から見ると外的な要因であったとしても、実は本人がコントロールしたり、あるいは影響を及ぼしたり、何かしらできたはずです。営業サイドとうまく連携する、上司であるあなたを活用して他部署の協力を得る、などが具体的な選択肢です。

　できれば、そのような本人のコントロールや影響範囲の可能性について、目標設定の時点でしっかりと伝え、目標達成できなかったときの言い訳とされないよう、釘を刺しておきたいものです。

📖 ケーススタディー（技術・生産）

目標に対して、部下本人のコメントと、あなたが得ている情報は次の通りです。
あなたなら、どのような評価をしますか？

目標1	担当するプロジェクトのサブリーダーとして、プロジェクト内および顧客との連絡、書類の送付など、コミュニケーションマネジメントを行ない、遅延やクレームなしにプロジェクトを終える。

部下本人のコメント	今期は2つのプロジェクトを担当しました。どちらも遅延やクレームなしに、連絡や書類の共有ができました。特に2つ目のプロジェクトでは、新しくグループウェアを活用した情報共有をプロジェクトメンバーに提案し、ほぼリアルタイムで情報のやり取りができるようなルール作りと運用を行なったので、「目標を上回った」評価と考えます。	あなたが得ている情報	1つ目のプロジェクトのコミュニケーションはメールベースであり、すべてCcで確認していたが、問題はなかった。2つ目のプロジェクトでは、メールベースからグループウェアベースへの、コミュニケーションルールの変更の際、混乱があり、情報を確認できていないままプロジェクトミーティングに出席したメンバーがいたと、プロジェクトリーダーから報告を受けている。

▼

あなたの評価	

目標2	AIに関しての情報収集を行ない、社内での適用可能性について提言書としてまとめる。

部下本人のコメント	AIに関してのセミナー3つに出席し、それぞれ報告書にまとめ、部内で閲覧できるよう共有フォルダ内に配置しました。また、部課長に対して、社内での適用可能性について提言プレゼンテーションを行ないましたので、「目標に到達した」評価と考えます。	あなたが得ている情報	報告書はわかりやすくまとまっていた。提言プレゼンテーションについても部長始め、出席者からも納得のいくものであったという評価だった。しかし、内容がどちらかといえば言語処理に偏っており、幅広いAIの領域を網羅しているとは思えない点で物足りなさを感じている。

▼

あなたの評価	

目標3		新人のOTJ担当となり、テスト作業を任せられるレベル（その判断はプロジェクトリーダーが行なう）まで指導する。		
部下本人のコメント		計画通りOJTを行ない、2つ目のプロジェクトにおいてテスト作業の一部分を任せましたが、まだ安心して任せられるレベルではないなぁと、プロジェクトリーダーからは言われてしまいましたので「目標を下回った」評価と考えます。	あなたが得ている情報	プロジェクトリーダーからは、本人の希望でプログラミングの仕事を多く割り当てた結果、テスト作業の習熟が遅れてしまった、エンジニアとしてのレベルは、十分に新人以上だと思います、と話を聞いている。

あなたの評価	

目標の表現がどのようであったなら、よりあいまいさを排除できたか、考えてください。

	もともとの目標	よりあいまいさを排除した目標
1	担当するプロジェクトのサブリーダーとして、プロジェクト内および顧客との連絡、書類の送付など、コミュニケーションマネジメントを行ない、遅延やクレームなしにプロジェクトを終える。	
2	AIに関しての情報収集を行ない、社内での適用可能性について提言書としてまとめる。	
3	新人のOTJ担当となり、テスト作業を任せられるレベル（その判断はプロジェクトリーダーが行なう）まで指導する。	

4 財務・経理の目標管理

　財務・経理部門は、売上や利益に大きな影響があるビジネス部門を"支えるための部門"であり、評価が難しいとされてきました。ある一定のところまでは、仕事を効率よくこなせばコスト削減になり、そのまま利益を押し上げることにつながります。ですが、専門性が高まれば高まるほど効率化は難しく、同じシステムの中ではそれ以上のコスト削減は困難となってしまいがちです。しかし、ヒューマンエラーというのは、あるのが当たり前で、本来それを限りなくゼロにしながら、なすべき仕事を完了させていくということ自体が、価値のある仕事です。

　また、"支えるための部門"という観点では、他の部門の社員との、円滑で気持ちのよい仕事のやり取りやコミュニケーションも大切でしょう。これまでのやり方というレベルを超えて、大きく業務プロセスを変えてしまうことで、ドラスティックな生産性の向上ができる可能性もありますので、より高次な目標として想定しておくとよいでしょう。

　したがって、財務・経理部門の目標としては、次のように一般的に求められるものと、より高次なものがあることになります。

【財務・経理部門の目標】

- 与えられた役割範囲の業務の、ミスがなく効率のよい遂行
- 他の部門との、円滑で気持ちのよいコミュニケーション

〈より高次な目標〉
- 業務プロセスを大きく変えるための情報収集
- 業務プロセス改革の実行計画の立案

この部門は、財務なら財務、経理なら経理など、専門性の高いプロフェッショナルが1人いれば、かなりの仕事が回ってしまう、ということで何年も同じ仕事を任せきりになりがちです。しかし、それでは先述したように、効率化は難しくなってしまうものです。

　また、任された本人にとっても、"それしかできない"のはキャリア的なリスクになり得ます。さらにリスクという観点では、1人に任せきりにするというのは、事業の継続性という意味でも問題があります。

　ですから、組織としての効率はいったん落ちることになっても、複数の役割をローテーションしたほうが、本人のためにも、組織のためにもなります。したがって、次のようなものも、目標としてふさわしいでしょう。

【キャリア・事業継続性の観点からの目標】

> - 新たな業務の習得
> - 自分の今の業務の引き継ぎ、後輩の育成

　評価のときの留意点としては、当たり前のことが当たり前のようにできる、ということが価値であるという前提で、目標と照らし合わせて正当な評価をしていくということです。

　もし、それ以上のことを期待するのであれば、それは目標設定のところですべきことです。財務・経理のように、ミスが許されない仕事は、フィードバックというとミスの指摘ばかりということにもなりがちです。

　正当な評価とともに、上司からの感謝や、他の部門からのポジティブな評価を言葉として伝えていくことで、組織への貢献を実感でき、モチベーションの維持・向上につながることでしょう。

📖 ケーススタディー（財務・経理）

目標に対して、部下本人のコメントと、あなたが得ている情報は次の通りです。
あなたなら、どのような評価をしますか？

目標1	Bさんから役割を引き継ぎ、毎月の全社の売上データを取りまとめ、経営会議において必要で的確なデータを提供する。
部下本人のコメント	売上データの取りまとめは引き継ぎが当初の予定から遅れて、今期の最終月になってしまいましたが、その月において、データの取りまとめも問題なく行なえ、経営会議には必要で的確なデータを提供できました。したがって、「目標に到達した」評価と考えます。
あなたが得ている情報	目標2の業務が想定外に大変で、引き継ぎに時間を割けなかったようだ。ただし、実際にはその分の業務はBさんが担っており、Bさんの残業時間を倍増させる直接的な原因となった。取りまとめたデータについては問題がなかったが、まだ1回だけのことであり、きちんと業務が引き継がれているのかについては、判断できかねる。

⬇

あなたの評価	

目標2	スタッフ部門のAI導入による業務改革について、情報収集を行なうタスクチームに所属し、さまざまな導入可能性と、その費用対効果についての社内提言を行なう。
部下本人のコメント	タスクチームのミーティングは隔週あり、すべてに参加するなどチームに十分貢献し、また、その結果、経営会議において社内提言ができ、AI導入による業務改革に弾みをつけることができました。したがって「目標を上回る」評価と考えます。
あなたが得ている情報	タスクチームのプロジェクトリーダーからは、現場サイドからの情報や意見を積極的に発信してくれて、大いにチームに貢献してくれたという感謝の言葉を得ている。また、経営会議での提言もとても評判がよく、結果としては非常によいものであった。しかし、この業務に時間を使いすぎて、他の目標に影響しているのが残念である。

⬇

あなたの評価	

目標3		社内各部署からの問い合わせに対して、自分の業務範囲外であっても印象のよい電話応対を心がけ、すぐに担当者に電話を回すなど、適切な対処を行なう。(部門共通目標)	
部下本人のコメント		それほど多くの電話応対はしていませんが、自分が電話応対したときには、特に問題なく対応できました。したがって「目標に到達した」評価と考えます。	あなたが得ている情報	部門全体として電話がひんぱんにかかってくるわけではなく、1人当たりの機会がそれほど多くないのも事実である。ただし、電話応対は事実上、今年配属の新人1人で行なっており、部門共通目標としたにもかかわらず、他のメンバーは電話を新人に任せきりで、自分から電話を取るのは、その新人が休み、または離席したときのみであった。

あなたの評価	

目標の表現がどのようであったなら、よりあいまいさを排除できたか、考えてください。

	もともとの目標	よりあいまいさを排除した目標
1	Bさんから役割を引き継ぎ、毎月の全社の売上データを取りまとめ、経営会議において必要で的確なデータを提供する。	
2	スタッフ部門のAI導入による業務改革についての情報収集を行なうタスクチームに所属し、さまざまな導入可能性と、その費用対効果についての社内提言を行う。	
3	社内各部署からの問い合わせに対して、自分の業務範囲外であっても印象のよい電話応対を心がけ、すぐに担当者に電話を回すなど、適切な対処を行なう。(部門共通目標)	

5 総務・人事の目標管理

　総務・人事部門もまた、売上や利益に直結したビジネス部門を支える部門といえます。総務は、社内や対外的なイベント、人事は採用や昇給・昇格にまつわる業務など、年度ごとで変化があり、業務負荷が計算しづらい季節労働的なものが多く入るため、例えば主担当責任者は決めておくものの、それ以外のメンバーもヘルプに入る、ということを目標に明言しておくと、目標設定の段階から業務負荷の分散と平均化ができるでしょう。

　また、毎年恒例のものも効率化を図りたいものです。年により違う人が担当したとしても同じ効率、または、より効率的にその業務が遂行されるという目標設定が、組織のPDCAを回す原動力となることでしょう。

　ビジネスの変化が激しい今日では、戦略の変更を、ルールやシステムだけでなく、人の面からも導いていくのが、総務・人事の役割として再認識されることも増えてきました。そのような場合、ビジネス部門と同様の目標を設定するということもありえるでしょう。例えば、ソリューション営業への転換が戦略変更の大きな目玉だとして、それを人事が研修でサポートするならば、単に"研修を実施した"だけでなく、それによって"ソリューション売上が全体の○％になった"という、より高次な目標も設定できるはずです。

【人事・総務部門の目標】

- 毎年恒例の、ルーチン業務の遂行
- 今期ならではのイベントのプロジェクトマネジメント
- 組織全体の総力で成し遂げていく業務のヘルプ

〈より高次な目標〉
- ビジネス部門と同様の変化・変革のマイルストーン

　また、財務・経理のIT化は進んできたものの、総務・人事の業務のIT化は、ようやくさまざまなソリューションが出始め、これからという時代に入ります。また、外注が難しいとされてきた、この部門の業務を請け負うアウトソーシングサービスも台頭してきています。企業グループ内でシェアードサービスを統合するなどの、大きな変革もあるかもしれません。ビジネス部門の変革の旗振り役ということだけでなく、自部門の変革ということも目標になりえるでしょう。

【自部門の変革にまつわる目標】

- IT化やさまざまなサービス導入のための情報収集
- シェアードサービス統合のプロジェクトマネジメント

　評価のときの留意点としては、それぞれのイベントをしっかりとプロジェクトとして評価するということです。プロジェクトには目的と目標があるわけですから、その目的や目標に照らし合わせて評価をしていくことになります。単につつがなく遂行できたということだけでなく、それぞれのイベントで得られる予定のものが得られたかも、見ていくとよいでしょう。そのためには、作業目標ではなく、成果を目標とすることが肝要です。

　また、もしビジネス部門と同様の目標を設定したなら、一切の妥協と言い訳を排するくらいの気概で評価をしましょう。なぜなら、ビジネス部門もまた妥協と言い訳が許されない評価をなされるのですから。一般的に、ビジネス部門から見ると、総務・人事部門は壁がある存在と見られがちです。目標と評価を共有することで、仲間意識が生まれ、さまざまな施策もうまく動くようになるでしょう。

📖 ケーススタディー(総務・人事)

目標に対して、部下本人のコメントと、あなたが得ている情報は次の通りです。
あなたなら、どのような評価をしますか?

目標1	ソリューションフェアの開催において、マーケティング部と協力し、主に施設面の責任を負う。来場者アンケートにおいて、施設面での満足度4.5以上を目標とする。
部下本人のコメント	ソリューションフェアは例年の130%の来場者を迎え、成功裏に終わりました。しかし、今年、新たに使うことになった会場の空調が追いつかず、「暑すぎる」という声をいただいた結果、満足度は4.2に留まりました。ただ、会場の選択と予約はマーケティング部が行なっているため、来年度への申し送りとして、この状況を伝えました。したがって「目標に到達した」の評価と考えます。
あなたが得ている情報	新たな会場での実施になったにもかかわらず、運営に関してのタスクは例年通りだった。そのため、リスクが予見できなかったのではないかと疑っている。ただし、それ以外の事前準備、当日の運営等はしっかりとなされており、特に問題はなかった。

⬇

あなたの評価	

目標2	ストレスチェックの業務を引き継ぎ、新たな職場環境の改善施策を1つ実施する。
部下本人のコメント	ストレスチェック自体は、例年通りマニュアルに沿って実施しました。新たな職場環境の改善施策として、2カ月に1回の"ワイガヤ会"を開き、部門を超えた交流を行なえるようにしました。参加者からは大変好評で、したがって「目標を上回った」評価と考えます。
あなたが得ている情報	ストレスチェック自体は、初めての業務ではあるが、マニュアルに沿って問題なく実施できていた。新たな施策である"ワイガヤ会"については、参加者から好評であることは事実だが、参加メンバーは事実上口コミで集まった同世代の社員だけで、"職場環境の改善施策"というには影響範囲が小さすぎる印象である。

⬇

あなたの評価	

目標3	大型地震発生時の対処を盛り込んだ非常時・災害時の社員向け行動マニュアルを改定し、全員に周知させる。	
部下本人のコメント	BCP（事業継続性）の関連セミナーにも出席し、単に"社員が無事に帰宅する"以上のマニュアルを作成することができたと思います。周知に関してもマニュアル配布後、eラーニングのシステムを使い、簡単なクイズに答えてもらう形で、98％の社員の合格という結果を得ました。したがって「目標を上回った」評価と考えます。	**あなたが得ている情報** BCPを考慮するようにというのは指示通りで、確かに"社員が無事に帰宅する"以上のマニュアルではあるが、それは期待通りのものである。また、周知施策は効果的ではあったが、特にそれは目標には含まれていない。

▼

あなたの評価	

目標の表現がどのようであったなら、よりあいまいさを排除できたか、考えてください。

	もともとの目標	よりあいまいさを排除した目標
1	ソリューションフェアの開催において、マーケティング部と協力し、主に施設面の責任を負う。来場者アンケートにおいて、施設面での満足度4.5以上を目標とする。	
2	ストレスチェックの業務を引き継ぎ、新たな職場環境の改善施策を1つ実施する。	
3	大型地震発生時の対処を盛り込んだ非常時・災害時の社員向け行動マニュアルを改定し、全員に周知させる。	

6 店長・スーパーバイザーの目標管理

　若くして、店長・スーパーバイザーという業務に就く業種もありますね。多くの店長・スーパーバイザーの特徴は、バイト、パートタイマーも含めた、さまざまなスタッフとともに目標達成を目指すということでしょう。

　店長・スーパーバイザーに与えられる権限の大きさは、業種によって幅がありますが、最近の傾向としては、お店などなら売上や利益率、コールセンターなどだったら応答率というように、数値目標が課せられるケースが増えてきました。チェーンストアなどのビジネスモデルで規模の拡大を図ってきた業種が多いためか、目標はそれらの数値だけということもしばしばです。

　その売上や利益といった数値を達成できるかどうかは、立地や地域特性などより、店長やスーパーバイザーの、"人のマネジメント"能力に影響されることもわかってきています。それならば、数値の目標を達成するための要素として、"人のマネジメント"に関わる目標も設定しておくとよいでしょう。この領域での具体的目標は、離職率や従業員満足度などがありますね。

【店長・スーパーバイザーの目標】

- 売上／利益率
- 応答率／平均待ち時間／クレーム率

〈人のマネジメントに関わる目標〉
- 離職率
- 従業員満足度

さらに"人のマネジメント"に踏み込むのであれば、日々のコミュニケーションに関わる項目も、目標に置くことができます。コミュニケーションや組織風土のアセスメントなどの結果を、そのまま数値目標にしてもよいかもしれません。

また、店舗や業務の改善アイデアをさまざまなスタッフから募ることを競わせたり、接客コンテストの結果を目標に設定することで、店長・スーパーバイザーからスタッフへの関わりを、間接的に推し進めることができるでしょう。スタッフの業務マニュアルが整備されている場合は、〇〇の業務ができる人を△人まで増やす、なども店長・スーパーバイザーからスタッフへの関わりを、より積極的なものにする目標といえます。

【さらなる"人のマネジメント"に関わる目標】

- 接客コンテストの入賞者数
- 特定業務ができる人の数

評価のときの留意点としては、目標設定と同様、最終的な数値目標だけを追わないようにするということでしょう。さらに最終的な数値目標が悪いと他の項目まで引きずられるハロー効果が起きやすいのも、店長・スーパーバイザーの評価の特徴です（営業担当者と違い、一般的に評価者と店長・スーパーバイザーが、離れた場所で仕事をしているケースが多いことが原因かもしれません）。

店長・スーパーバイザーの評価者となる場合は、日々の支援がより重要になります。定期的な報告や相談の場、時にはその下で働くスタッフの声なども聞きながら、普段からその仕事への支援を密に行なっていくとよいでしょう。

📖 ケーススタディー（店長・スーパーバイザー）

目標に対して、部下本人のコメントと、あなたが得ている情報は次の通りです。あなたなら、どのような評価をしますか？

目標1	11月開店の駅前店において、店長として店の立ち上げと安定稼働に努め、年度内の売上3,000万円を達成する。		
部下本人のコメント	駅前店の立ち上げでは、開店前のオープニングスタッフの募集も間に合い、開店キャンペーンも想定以上の反響があった結果、年度内の売上は3,300万円となりました。したがって「目標に到達した」評価と考えます。	あなたが得ている情報	売上のほとんどは開店キャンペーンの効果で、今後の売上の推移については慎重に見ていく必要がある。また、開店から1週間は店のオペレーションが来客数に追いつかず、急遽他店からベテランを応援に回らせる必要があった。

▼

あなたの評価	

目標2	店舗スタッフの育成と明るい店舗づくりに努め、お客さまから選ばれ続けるお店にする		
部下本人のコメント	オープニングスタッフは教育期間が短かったため、開店キャンペーン期間は不慣れな様子が見受けられましたが、その後、スタッフ全員との密なコミュニケーションを心がけ、明るいお店としてお客さまからも喜ばれています。したがって「目標に到達した」評価と考えます。	あなたが得ている情報	どのような理由かは不明ではあるがすでにオープニングでがんばってくれたスタッフ2名が辞めている。店舗では丁寧にスタッフを指導しているが、厳しすぎる指導と受け取っているスタッフもいるかもしれない。お店自体はスタッフの一所懸命さが伝わるお店という印象である。

▼

あなたの評価	

目標3	新たな来店客アップの施策を試し、他店へ知見を共有する

部下本人のコメント	開店キャンペーンが好評であったため、他店では見られない、毎月恒例で開店"日"キャンペーンを行なっています。これは開店日であった11月11日にちなんで、11日に月代わりで目玉の割引品を用意するのものです。毎月のこのキャンペーンの反響は大きく、11日は平均の1.3倍以上の売上を記録しています。また、どのような商品を割引対象にしたか、その結果売上がどのようになったかも他店と情報共有しています。したがって「目標を上回った」評価と考えます。	あなたが得ている情報	毎月11日は売上、来店客ともに平均より多く、この日だけを考えると来店客アップになっているが、それが月全体の来店客アップにどの程度貢献しているかは不明である。また、まだ数回しか行なわれていない施策であるため、他店に導入できるほどの知見には至っていない印象である。

あなたの評価	

目標の表現がどのようであったなら、よりあいまいさを排除できたか、考えてください。

	もともとの目標	よりあいまいさを排除した目標
1	11月開店の駅前店において、店長として店の立ち上げと安定稼働に努め、年度内の売上3,000万円を達成する。	
2	店舗スタッフの育成と明るい店舗づくりに努め、お客さまから選ばれ続けるお店にする。	
3	新たな来店客アップの施策を試し、他店へ知見を共有する。	

ストーリー エピローグ

　新人の山崎さんも３年目となり、すっかり部門の一員として活躍するようになりました。今期はかねてから興味のあったIoTに関係する目標を立て、新しい挑戦をしています。

　しかし、前例のない開発作業は難航していました。山崎さんがパソコンを指さして、何やら藤森さんと竹田さんに相談しています。
「あれ、ホントだ。このメニュー動かないなぁ……」
　竹田さんがマウスを操作しても、メニューが動いていないようです。
「ちょっと貸してみろ。こういうのはたいてい、右クリックで……ん、やっぱりグレーアウトか」
　藤森さんがマウスを奪って操作してみましたが、やはりダメです。
「藤森さん、ちょっとヘルプ見たらどうですか」
　竹田さんがヘルプのタブをクリックすると、新しいウィンドウが開きました。
「うわっ、みんな英語じゃないか！　パスパス」
「待ってくださいよ！　読みましょうって！」
　にぎやかな２人の先輩たちに、山崎さんは吹き出してしまいました。すぐに藤森さんからツッコミが入ります。
「だいたい、お前がIoTとかわけわかんない目標にするから、みんな苦労してるんだぞ。特にオレみたいな老兵はな……」
　最近、藤森さんは、愚痴りながらも付き合ってくれるのですが、それを容赦なく竹田さんがさえぎりました。
「あー、わかりました。このパーソナル版じゃ使えない機能みたいです」
「え、これ使えなかったら、そもそもスマホとの連携、難しいんだろ、どうするんだ」
　どうするんだと言われてもなぁと、山崎さんが考え込もうとしたと

き、Webミーティングのアプリが、桂さんのログインを知らせました。
「お疲れさま〜。聞こえる？ 3人揃って、どうしたの？」
桂さんは今日も出張中でした。
「桂さん、割と邪魔です。そんなに急に割って入ってこられても」
藤森さんが3人を代表して言いました。
「冷たいなぁ。今日はグッドニュースを持ってきたのに」
「なんですか？」
桂さんはニコニコとご機嫌で、ムッとしている藤森さんを全く気にする様子はありません。
「じゃーん！ 例の統合環境のエンタープライズライセンス、IT部門からゲットしました〜！」
「おおっ！」
思わず3人の声が揃います。
「ありがとうございます！ はかどります！ でも、一体どうして……？」
竹田さんがガッツポーズで喜んでいます。
「山崎くんが週報に書いてたから。パーソナル版じゃ機能制限がどこにあるかわからなくてハマるって」
「ありがとうございます、桂さん」
「これで目標達成に障害はなくなったってことね。じゃあ、かんばって！」
桂さんは言いたいことを言い終わったのか、会議室からログアウトしました。
「おい、ホントにこれ、いいことなのか？ なんだか、知らず知らずのうちに追い立てられてるような……」
「いいんじゃないですか。おかげで僕らも新しいことにどんどん挑戦できるし。ま、老兵の藤森さんにはご迷惑かもしないですけど……」
竹田さんはそういって、藤森さんを見てニヤリと笑いました。
3人とも、この難易度の高いチャレンジに取り組む意義がよくわ

かっています。うまくいけば、業界にも革新的な取り組みとしてアピールできるでしょう。
「まあ老兵も、若いもんに負けていられないけどな」
藤森さんも、ニヤリと笑い返しました。

....

7章

まとめ

1 あなたの部下の目標管理に役立てるために

　ここまでは目標管理について、学んできました。
　ここからは、あなたが実際に部下にどのように対応していくのか、学んだ内容をどのように役立てていくのか、ということになります。
　ところで"役立つ"というのは、どのような状態になっていることだと思いますか？

【"役立つ"までの条件】

> "役立つ" = "わかる" × "できる" × "やってみる"

　"わかる"ためには、さまざまな内容が「自分だったらどうだろうか、確かに○○の場合は当てはまる」と結びつくことが重要だといわれています。また、"できる"ためには、料理やスポーツなどと同様、練習によってその部分部分が、確実に自分のものになっている必要があります。
　本書では、"わかる"ことをサポートするために、さまざまな職種、さまざまなケースを想定した例示を行なっています。また、要所要所でワークシートを準備し、できるだけ「自分ならどうするか」を考えてもらえるデザインになっています。
　ここで、本書で紹介した内容のうち、特に重要だと思われることを改めてまとめておきます。

【PDCA】

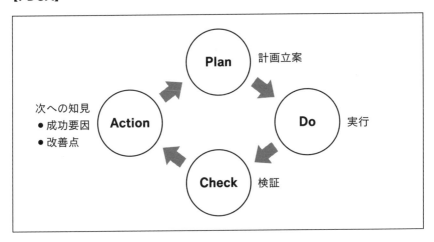

　本シリーズ全体のコンセプトです。計画立案／実行／検証／次への知見のプロセスは、目標管理のサイクルとよく似ています。部下の目標管理が回っていくと同時に、実はあなた自身の「部下を育てるPDCA」も回っています。繰り返しこのプロセスで行なうことで、上司としての部下を育てる力を向上させていきましょう。部下の成長が上司の成長につながり、それがさらに組織・会社の成長にもつながっていくのです。

【目標管理の目指すところ】

- 自律と自己成長を促し
- 心身の健康を伴いながら目標達成し
- その結果として、組織の目標達成、成長を実現する

　本書では、目標管理は人事制度の運用のためだけにあるのではなく、そもそもの目標達成を支援するものとして位置づけています。

【本書の流れ】

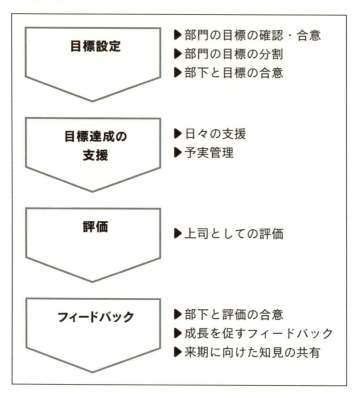

　一般的な目標管理のプロセスに沿って、本書ではそれぞれのポイントを解説してきました。

【適切な目標】

- より大きな組織目標の達成に寄与する
- 目標達成しようとする本人が管理できる

　目標管理の目的は、組織・企業の目標達成・成長に寄与する目標をメンバーが持てるようにすることです。目標達成の主体である部下が「この目標の達成に向けてがんばっていこう」と思えるようにするためには、適切な目標を考える必要があります。

【目標設定のプロセス】

事前準備	1.自部門の目標の確認・合意 2.自部門の目標の分割 3.メンバー分析 　①特性を整理する 　②キャリアを考慮する 　③長期的な能力目標 4.部下への目標の割り当て
面談での合意	1.場の雰囲気を作る 2.部下の意見や希望を聞く 3.上司の考えを伝える 4."目標"として合意する

　部下一人ひとりと目標を合意するためには、自部門の目標の理解から始まり、このようなプロセスを踏んでいきます。
　事前準備をしっかり行なうことで、スムーズな目標の合意ができるようになるでしょう。

📖【応用】自部門の目標の分割

自部門の目標を、時系列的分割と、機能的な分割を組み合わせて書き出してみましょう。

部門目標	

　　　　→ 時系列的分割

↓ 機能的分割

📖 メンバー分析

任せる仕事を考えるために、メンバーや自分について、分析してください。

名前	経験／知識／スキル	やりたい／やりたくない	組織からの期待
あなた (　　)			

📖 目標の割り当て

部門のメンバー全員に目標を割り当ててみましょう。このメンバーにはあなた自身も含まれます。

名前	目標・役割の範囲	達成した状態・期待レベル

チェックポイント	□項目に抜け漏れがない	□適切なレベルである □総和が部門の目標になる

📖 合意する面談のステップ

場の雰囲気を作る	

❶ オープニング	目的を伝える
	進め方を伝える
	完了条件と、メリットや意義を伝える

▼

❷ エンゲージメント	部下の意見や希望を聞く
	上司の考えを伝える
	役割の範囲・期待レベルを考慮し、目標を合意する

▼

❸ クロージング	"次の行動"を確認する
	目標達成に向けた支援を伝える
	時間をかけて合意を生み出せた感謝を伝える

📖 予実管理

あなたが管理している長期にわたる業務について、最終的な締切から逆算して、途中で達成度合いを確認するためのタイミング（日時）とマイルストーン（予定）を決めましょう。

実際にそのタイミング（日時）が来たら、現状はどうなっているか確認してください。もし、マイルストーンと現状の間に差があった場合は、その問題を解決するための方策を考えるということになります。

業務名	

タイミング（日時）	マイルストーン（予定）	現状

【責任共有】

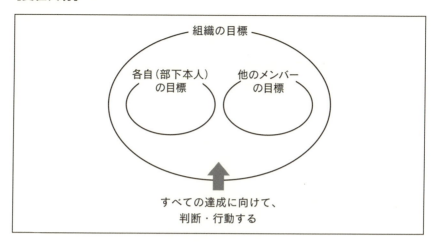

　目標管理には、部下の自律と自己成長を促進するという目的もあります。
　各自の目標の達成を目指すというところから一段進んで、他のメンバーの目標を含む組織の目標達成に向かって、全員が1つのチームとして責任を持ち合う組織を目指しましょう。

【最終的な評価のポイント】

- 設定された目標に対しての達成度合い
- より大きな組織目標達成への寄与度合い
- 評価される本人のモチベーション

【納得できる評価のポイント】

- 評価を決める―あいまいな表現を極力排した目標設定
- 納得を得る―日々の観察とそれによる目標達成への支援

　部下に納得してもらえる評価を行なうために、上記のようなポイントに

注意するとよいでしょう。また、評価のためには、日々の観察・支援を欠かすことはできません。

【評価を伝える面談のプロセス】

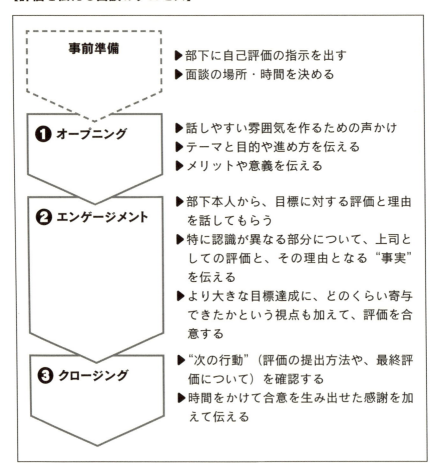

評価を伝える面談は、上記のプロセスで行ないます。

📖 部下との合意・当たり前の事実

あなたの部下の目標を1つ取り上げ、あなたの評価を整理しましょう
(最終的には部下全員のすべての目標について、それぞれ整理します)。

目標	
事実に 基づく情報	
上司評価	

目標達成のためには、当たり前と思われる行動も、評価に値します。
部下の行動を振り返り、どのような事実があったのかを書き出し、目標との関連を整理してみましょう。問題なく仕事が進んでいるときでも、日々メモしておくと、フィードバックに役立つでしょう。

いつ・ どんなとき	部下の行動	関連する目標

【部下の成長を促すフィードバック】

- 正しく情報を伝える
- 行動を促す

　評価・フィードバック面談は、部下に成長を実感してもらうよい機会です。"事実"をベースに正しく情報を伝えるだけでなく、次の期に向けた行動を促すような期待を伝えたり、部下本人の希望を聴くとよいでしょう。

【目標管理のサイクル】

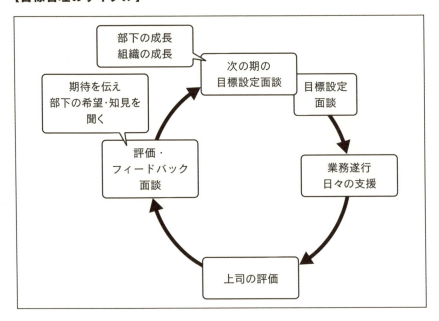

　目標管理のサイクルを、最後にもう一度確認しておきましょう。
　さて、ここまで本書の内容をまとめてみましたが、実際にあなたが"できる"ようになるためには、料理やスポーツなどと同様、練習によってその部分部分を確実に自分のものにしていく必要があります。

本書では"できる"をサポートするために、いくつかの項目では練習を用意しました。ここでは、ただ読むだけでなく少し頭を使って、このケースならどうするかについて、時間を取って考えていただけるような構成にしてあります。
　ここで、もう一度、先ほどの式を思い出してください。

【"役立つ"までの条件】

> "役立つ" = "わかる" × "できる" × "やってみる"

　いくらわかって、できるとしても、やってみないことには、絶対に役立つことはありません。この式はかけ算です。"やってみる"がゼロなら、どんなにわかって、できるとしても、最終的な積はゼロになってしまうのです。
　本書では、目標を設定し、達成に向け日々の業務を支援し、評価し、フィードバックするという目標管理の一連の流れを、上司としてどのように行なえばよいのかについて、お伝えしてきました。
　一度このサイクルを行なったら、ぜひ振り返りを行なってみてください。節目節目で振り返ることで、部下について、自分の部門の成長について、見えてくるものが増えるはずです。
　あなたの"やってみる"によって、本書がさまざまな目標管理の場面で、"役立つ"ものになることを期待しています。

巻末付録

研修ガイド

1 社内研修等で利用するために

　この章では、本書を階層別研修や、目標管理に焦点を合わせたピンポイントの研修で使う場合の活用方法について、ご紹介します。研修等で活用される場合は、必ず受講者の人数分、本書をご購入ください。

　7章のまとめでご説明したように、**"役立つ" = "わかる" × "できる" × "やってみる"** がポイントです。研修を実施する場合、それぞれ "わかる" ためにすべきこと、"できる" ためにすべきこと、"やってみる" ためにすべきことを、受講者に行なってもらう必要があります。ここでは、それぞれ本書をどのように使えばよいのかを順を追って説明します。

■ **研修目標を設定する**

　まず、研修を企画するために研修目標を設定する必要があります。

【研修目標の設定】

> - 何をわかってほしいのか
> - 何ができてほしいのか
> - 何をやってみてほしいのか

　例えば、
- "目標管理制度導入の目的" をわかってほしい
- "予実管理による支援" ができるようになってほしい
- "フィードバック時に、感謝の言葉をかけること" をやってみてほしい

などです。

　本当は、"わかる" "できる" "やってみる" を、別々に設定することが望

ましいのですが、いきなりは難しいかもしれません。

　その場合は、本書のこのページを学習させたい、ということで、どのページの内容を使うかをピックアップしてもよいでしょう。

■"わかる"をサポートする

　先述したように、"わかる"ためには、紹介されているさまざまな内容が「自分だったらどうだろうか、確かに○○の場合は当てはまる」と結びつくことが重要です。そのため、あるページの学習を進めるためには、以下の通り実施していくとよいでしょう。

【"わかる"をサポートする】

- 重要な内容やポイントをプレゼンテーションする
  （ダウンロードできるスライドが使えます）
- 本書の中の例示を確認する
- 「自分だったらどうだろうか」と考えてもらう
  （考えたことを話し合わせるとより効果的です）

　ページごとに丁寧に、上記の3つを繰り返してもよいですし、いくつかの項目をまとめてプレゼンテーションし、その後に「自分だったらどうだろうか」と考えてもらうのもよいでしょう。

　ただし、プレゼンテーションは長くて15分以内が望ましいです（8分が限界であるという専門家もいるくらいです）。一方的な講義が続かないように、本書ではケーススタディーやワークシートが入っています。適宜活用し、多くの時間を「自分だったらどうだろうか」と考えてもらうことに割くとよいでしょう。

■"できる"をサポートする

　"できる"ためには、料理やスポーツなどと同様、練習によってその部分部分が確実に自分のものになっている必要があります。そのため、ある

ページの内容が"できる"ようにサポートするためには、以下の通り実施していくとよいでしょう。

【"できる"をサポートする】

- ステップやスキルをプレゼンテーションする
  （ダウンロードできるスライドが使えます）
- 実践例動画があれば、それを見せる
  （本書に対応したYouTube動画があります）
- 練習のための準備（ステップごとに何を言うかなど）をさせる
- ペアなどで、実際に練習させる（ロールプレイなど）

繰り返しになりますが、"できる"ためには練習が必要です。その時間をしっかりと取り、可能なら練習の様子を見て回って、できていることをフィードバックしたり、できていないことについて指摘し、修正のためのアドバイスをするとよいでしょう。

■ マイクロフォーマット

この"わかる""できる"をサポートするための進め方として、早稲田大学の向後千春教授が提唱している、マイクロフォーマットをご紹介します。

【マイクロフォーマット】

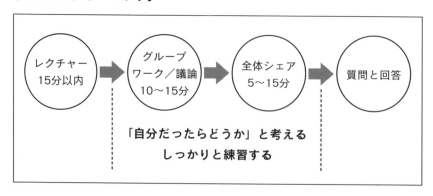

いくつかの内容をまとめて 1 つのトピックとし、その 1 つのトピックを 30 〜 45 分の単位で、図のようなフォーマットで実施するという方法です。繰り返しになりますが、レクチャーを聞いただけでは"わかる""できる"には不十分です。グループワークや全体共有の中で、十分に「自分だったらどうか」と考えてもらい、しっかりと練習ができるように、時間配分をしていきましょう。

■ "やってみる" をサポートする

7 章で "役立つ" までの条件を以下のように表現しました。

【"役立つ" までの条件】

> "役立つ" ＝ "わかる" × "できる" × "やってみる"

いくらわかって、できても、やってみないことには、絶対に役立つことはありません。この式はかけ算です。"やってみる"がゼロなら、どんなにわかって、できても、最終的な積はゼロになってしまいます。それでは、研修の中でどのようにしたら、"やってみる"をサポートすることができるでしょうか？

【"やってみる"をサポートする】

> - 研修中に、"自分のケース"で練習をする
> - 研修中に、"どんな状況で、何をするか"行動計画を立てる

"自分のケース"での練習ですが、多くの場合、本書で提示しているケースの代わりに、相手に状況を説明してからペアで練習をする、という流れ

になります。丁寧に進めるなら、本書で提示しているケースでまず練習をして、その後もう一度、"自分のケース"で練習する、としてもよいでしょう。

　研修中での繰り返しを冗長だと嫌う人がいますが、練習はそもそも繰り返すものです。研修中にできていないものは、実践しようとは思わないものです。繰り返しの練習により、「これならそのまま実践できそうだ」と思ってもらえるよう進めるとよいでしょう。

　また、行動計画ですが、「○○を心がける」というあいまいな書き方をできるだけ廃することが"やってみる"をサポートすることにつながります。可能な限り"どんな状況で、何をするか"を、具体的に書いてもらいましょう。例えば、"○○さんへの、次の仕事についての説明のときに""しっかりとメリットを伝える"などです。さらに、研修中でグループワークなどを一緒に進めてきたメンバーと、お互いの行動計画について共有することも「よし、がんばるぞ」という気持ちを後押しするのに有効です。

　いずれにしても、研修を企画し実施する側が「伝えることは伝えたし、やらせることはやらせたので、あとは受講者次第」というスタンスを取るのではなく、"わかる"×"できる"×"やってみる"のすべてでそれらをサポートする姿勢で研修を行なうと、その結果として"役立つ"ものとなるでしょう。

■ 利用許諾について

　研修での利用を考慮して、通常は禁止事項となる次の行為を許諾します。以下の範囲について、事前申請などは必要ありません。ただし、研修実施の際は、講師、受講者とも1人1冊ずつ、本書を所有していることが必要となります。

※本書の所有者に対して、以下の○の事項を許諾します。

種類	許諾される著作権	具体例
本書	口述権	○本書所有者に向けた読み上げ ×本文の複写・電子化
ワークシート類	複製権	○本書所有者自身の複写・印刷 （複写・印刷の委託も許諾します） ×複写・印刷したものの本書所有者以外への配布
スライド	複製権 翻案権 上映権 二次的著作物の利用権	○本書の要約や使いやすいように編集したスライドの作成 ○本書所有者に向けた投影 ○指定サイトでのスライドの再配布 ×本書所有者以外への投影 ×スライドの印刷および配布 ×指定サイト以外でのスライドデータの再配布（自身で改変したものも含む）
YouTube動画	上映権	○本書所有者に向けたストリーミング再生の投影・上映 ×本書所有者以外への投影・上映 ×ダウンロード
研修ガイド	複製権	○本書所有者自身の複写・印刷 ×複写・印刷したものの本書所有者以外への配布

※上記以外での活用をお考えの方は、株式会社エイチ・アール・ディー研究所にお問い合わせください。著作権の侵害がある、お問い合わせのない研修実施に関しましては、株式会社エイチ・アール・ディー研究所正規研修実施費用の同額を申し受けます。

■ **本書限定ダウンロード**

　以下のダウンロードサイトには、本書ストーリーを再現した動画、ワークシート一式、より詳しい研修の進め方についての研修用スライド、講師ガイドが用意されていますので、ご活用ください。

読者限定　"部下を育てるPDCA"シリーズ
サポートホームページ　http://www.hrdins.co.jp/bspdca/

■著者略歴

吉岡　太郎（よしおか　たろう）

株式会社エイチ・アール・ディー研究所 主席研究員
1995年東京大学大学院修了。ウィルソン・ラーニングワールドワイド株式会社にて、パフォーマンスコンサルタント／インストラクターとして、主として情報通信系、製造業系、金融業系のプロジェクトに携わる。ソリューション営業への転換プロジェクト、次世代コアリーダー育成プロジェクト、新入社員早期戦力化プロジェクトなど、数ヶ月～1年のアクションラーニング型のプロジェクトを担当。2005年からは株式会社エイチ・アール・ディー研究所にて認知科学の観点からの研修プログラムの設計・開発を行う。また、カークパトリックモデルに基づいたトラッキングシステムを開発、トレーニング内容の実践を促し、その効果をデータとして見える化。1万件を超える言動データをベースに東京大学、早稲田大学などの研究会において、ビジネスシーンでの教育の知見を提供、共有している。多くの企業内、ベンダーの人材開発の担当者にアカデミックな見地からの諸理論やデータを基礎知識として提供、ATDのCPLPの普及にも努める。著書に『部下を育てるPDCA 面談』『部下を育てるPDCA　業務指示・指導・OJT』（同文舘出版）、共著に『プロフェッショナル・トレーナーへの道』（日経BP社）。Kirkpatrick Certificate Holder／CompTIA CTT+認定トレーナー。

■お問い合わせ
株式会社エイチ・アール・ディー研究所　http://www.hrdins.co.jp/

部下を育てるPDCA　目標管理

2019年2月21日初版発行

著　者 ── 吉岡太郎
発行者 ── 中島治久
発行所 ── 同文舘出版株式会社

東京都千代田区神田神保町1-41　〒101-0051
電話　営業03（3294）1801　編集03（3294）1802
振替 00100-8-42935
http://www.dobunkan.co.jp/

©T.Yoshioka　ISBN978-4-495-54017-3
印刷／製本：三美印刷　Printed in Japan 2019

JCOPY　＜出版者著作権管理機構 委託出版物＞

本書の無断複製は著作権法上での例外を除き禁じられています。複製される場合は、そのつど事前に、出版者著作権管理機構（電話 03-5244-5088、FAX 03-5244-5089、e-mail：info@jcopy.or.jp）の許諾を得てください。

仕事・生き方・情報を サポートするシリーズ

あなたのやる気に1冊の自己投資!

部下を育てるPDCA
面談
効率的・効果的な面談の技術

吉田繁夫・吉岡太郎著／本体 1,800円

部下のモチベーションを上げるためには、面談による一対一のコミュニケーションが効果を発揮する。部下が成長し、業務の生産性が上がる面談のノウハウを体系的に解説。社内研修にも最適の1冊

部下を育てるPDCA
業務指示・指導・OJT
安心して仕事を任せる技術

吉岡太郎著／本体 1,800円

部下個人が成長し、組織の目標達成がもたらされ、さらなる高い目標を目指す――という理想的なサイクルを回していくために必要な部下の「できる」「やりたい」を支援する技術が身につく1冊

1枚のシートで業績アップ!
営業プロセス"見える化"マネジメント
効率よく業績改善する「営業の勝ちパターン」

山田和裕著／本体 1,800円

精神論で部下を叱咤激励するだけの古い営業管理はもはや通用しない。できる営業のプロセスを標準化→1枚のシートで見える化→勝ちパターンとして組織で共有→効率よく業績改善につなげる方法を解説

同文舘出版

本体価格に消費税は含まれておりません。